Hansjörg Falz, MERIAN-Chefredakteur

Liebe Leserin, lieber Leser,

gerade telefonierte ich mit einem Kollegen, dessen wöchentliches Reiseverhalten sich auffällig mit dem etlicher Menschen in meinem Freundeskreis deckt und das ich gerade in diesen ungewissen Zeiten für einen Trend halte: Jeden Donnerstag beendet er die Arbeitswoche und verlässt die enge Großstadt, um bis Sonntagabend Zeit auf dem weiten Land in den eigenen vier Wänden zu verbringen und den Alltag hinter sich zu lassen. Sein persönliches Ziel: der Harz, genauer gesagt, die sachsen-anhaltische Seite des Mittelgebirges. Seine Frau schockverliebte sich nämlich in ein Fachwerkhäuschen in einer Kleinstadt.

Natürlich gibt es in Sachsen-Anhalt sehr viel mehr zum Staunen und Schwärmen als unberührte Natur und entschleunigtes Leben. Allein die Dichte an Welterbestätten in diesem Bundesland ist rekordverdächtig. Das prächtige Gartenreich Dessau-Wörlitz, die berührenden Luthergedenkstätten, der imposante Naumburger Dom, die stilbildende Bauhaus-Architektur, die hübsche Fachwerkstadt Quedlinburg und die faszinierende Himmelsscheibe von Nebra, die in diesen Tagen als Leihgabe ins British Museum in London gegeben wird, weil der Fund und die Geschichte drumherum alle Ingredienzen für eine Karriere als Weltstar beinhalten. Auch unser Kolumnist Hans Zippert ist ein großer Fan der Scheibe, wie Sie ab Seite 58 lesen können. Er entdeckte für uns zusätzlich Quedlinburg. Wie Hollywood-Star George Clooney, der einst für den Dreh des Blockbusters »Monuments Men« in Sachsen-Anhalt weilte, bilanzierte er hinterher: »It's perfect!«. Machen Sie's den beiden doch nach!

Herzlich Ihr

Zweimal war Sachsen-Anhalt zuvor Thema einer MERIAN-Ausgabe: 1990 und 2018

GARTENREICH DESSAU-WÖRLITZ
Der Blick gleitet über Schloss Wörlitz
in den Landschaftspark

Inhalt

LUTHERS LEBEN Der Reformator
als Statue vor der St.-Andreas-Kirche
in Eisleben, seinem Geburtsort

TITEL: LUKAS SPÖRL (M), FOTOS: GERHARD WESTRICH, LUKAS SPÖRL (2), ARTO/ADOBE STOCK

58

88

ARCHE NEBRA Die berühmte Himmelsscheibe als Riesen-Skulptur im
Ausstellungszentrum nahe dem Mittelberg

BAUHAUS DESSAU Die Ikone
der Moderne setzt mit einem
gläsernen Museum neue Standards

Die Himmelsscheibe
von Nebra im Fokus:
Lukas Spörl produzierte
im Landesmuseum für
Vorgeschichte Halle das
Titelfoto dieser Ausgabe

Top 15

MERIAN-Autor **Franz Lenze** ist ein Fan von Sachsen-Anhalt. Wegen der vielfältigen Geschichte und der fast unentdeckten kleinen Städte. Und nicht zu vergessen: wegen des großartigen Welterbes!

1 WELTERBE IN SACHSEN-ANHALT

Kein Bundesland besitzt mehr Welterbestätten als Sachsen-Anhalt! International betrachtet, sieht es sogar noch aufregender aus. Auf Platz 1: Italien, auf Platz 2: China, auf Platz 3: Deutschland. Und wer da führend ist: siehe oben. Das ist kein Wunder. Man muss sich die sechs Orte nur genau anschauen, welche die UNESCO mit Zuspruch geadelt hat: Da ist zum einen das berühmte Bauhaus in Dessau, dessen neues Museum auch schon wieder Architektur-Maßstäbe setzt (s. S. 88), da ist die bildhübsche Fachwerkstadt Quedlinburg (s. S. 74), es gehören die Luthergedenkstätten in Wittenberg und Eisleben (s. S. 48) dazu, die Himmelsscheibe von Nebra (s. S. 58), das gigantische Gartenreich Dessau-Wörlitz (s. S. 36) und seit 2018 auch der Naumburger Dom (s. S. 108). Und natürlich darf man das Biosphärenreservat Mittelelbe nicht vergessen, das sich entlang der Elbe 300 Kilometer weit durchs Bundesland zieht (s. S. 120). Kein Welterbe, aber trotzdem traumhaft.

2 HAVELBERG

Spricht man von einem Kleinod, ist das häufig ein Klischee, in diesem Fall trifft das Wort jedoch ins Schwarze. Nähert man sich Havelberg über die Bundesstraße 107, fällt sofort der Dom auf, dieser urige Baumix aus Romanik und Gotik, der sich seit dem 12. Jahrhundert auf der Insel in der Havel erhebt. Davor hocken schmale rotgedeckte Häuser und werfen ihr Spiegelbild in den Fluss. Das wirkt so hübsch, so pittoresk und charmant – wie ein Kleinod. Und weil das hervorragend ins Gesamtbild passt, findet jedes Jahr im Herbst der berühmte Pferdemarkt statt, den es wohl seit 1750 geben soll und bei dem jedes Mal Hunderte Pferde ihren Besitzer wechseln – per Handschlag. Wie zu alten Zeiten. Auch das hat etwas Beruhigendes. havelberg.de

3 JOSEPHSKREUZ STOLBERG

Oben, auf der Plattform, nachdem man 200 Stufen die luftige Stahlkonstruktion hinaufgestiegen ist, wird einem fast schwindlig. Weniger wegen der 38 Meter Höhe, eher vor Glück: Vom Josephskreuz auf dem Großen Auerberg bei Stolberg schweift der Blick erhaben über Wälder und Hügel bis zur knapp 30 Kilometer entfernten Gebirgskette Kyffhäuser. 1896 erbaut, erinnert das Josephskreuz, zusammengehalten von 100 000 Nieten, an den Pariser Eiffelturm, sein großes Vorbild. **stadt-stolberg.de**

4 JOHANN-SEBASTIAN-BACH-SAAL KÖTHEN

Köthen ist eine Kleinstadt unweit von Dessau mit rund 26 000 Einwohnern und einer Geschichte voller bekannter Namen. Samuel Hahnemann, der Vater der Homöopathie, wirkte hier, die »Fruchtbringende Gesellschaft«, einst die größte deutsche Sprachakademie – und Johann Sebastian Bach, der hier von 1717 bis 1723 als Hofkapellmeister diente. Nach ihm ist ein architektonisches Highlight benannt, das jede Anreise lohnt: der Johann-Sebastian-Bach-Saal. Weiß und reliefartig erhebt sich der Konzertsaal aus der Ruine der klassizistischen Reithalle, die zum Schloss gehört – im Volksmund augenzwinkernd »Schachtel« genannt. schlosskoethen.de

5 FERROPOLIS

Es ist noch gar nicht so lange her, da wurde im Tagebau Golpa-Nord bei Gräfenhainichen Braunkohle abgebaut. 1991 war damit Schluss und die riesigen Bagger und Abraumanlagen standen still, dem Verfall preisgegeben. Bis man im nahen Bauhaus in Dessau eine Idee hatte: Heute ist Ferropolis, die »Eisenstadt«, ein gewaltiges Freilichtmuseum und ein noch gewaltigerer Ort für Konzerte wie dem lauten und ekstatischen Melt-Festival, das jedes Jahr im Juni stattfindet. Hier gilt: einfach mitreißen lassen, die Stimmung ist fantastisch. ferropolis.de, meltfestival.de

6 DOMMUSEUM OTTONIANUM

Magdeburg ist eine tolle Stadt, wird geheimhin aber unterschätzt. Ich weiß das, ich bin dort aufgewachsen. Lesen Sie also unbedingt unsere Geschichte auf

Seite 100, sie ist voller großartiger Tipps für einen frischen Aufenthalt in der Elbestadt. Eins sollte man sich dabei nicht entgehen lassen: das neue Dommuseum Ottonianum. 2018 eröffnet, zeigt es auf 650 Quadratmetern spektakuläre Funde aus den Tiefen des Doms, etwa den Bleisarg der Königin Editha. Ein weiterer Höhepunkt? Erzbischof Wichmanns Pontifikalschuhe: italienische Handarbeit, mit Perlen bestickt. dommuseum-ottonianum.de

7 JOHN-CAGE-KONZERT

Wahrlich: Das ist kein Geheimtipp mehr. Aber sollte man diese fabelhafte Kunst- und Musikinstallation verpassen? In Halberstadts St.-Burchardi-Kirche ertönt seit 2001 das langsamste Konzert der Welt: John Cages »Organ²/ ASLSP«, was »as slow as possible« bedeutet – so langsam wie möglich. Manchmal klingt der Ton wie eine Waschmaschine im Schleudergang, dann wieder wie ein tiefes Brummen osttibetanischer Mönche. Lassen Sie sich ruhig Zeit beim Zuhören: Das Konzert dauert noch bis 2640. aslsp.org

8 ARENDSEE

In den 1960er Jahren war mein Vater hier Rettungsschwimmer, weshalb ich den See gerne besuche, am Strand fläze und dem weißen Raddampfer auf dem Wasser dabei zusehe, wie er Mississippi-Feeling in den Norden Sachsen-Anhalts schaufelt. Und natürlich kann man hier auch Geschichte lernen: 1910 kaufte der Wanderprediger Gustav Nagel ein Grundstück in Ufernähe und baute dort einen Tempel aus Muschelkalk und Felsbrocken, und weil er ein Freigeist war, der in Erdlöchern lebte und so wenig zur Gesellschaft passte, steckten ihn später die Nazis in eine Nervenheilanstalt und danach die DDR-Behörden. Die Überreste seines Tempels sind heute noch zu sehen. luftkurort-arendsee.de

9 PRETZIENER WEHR

Allein diese Zahlen! Die Länge 162,80 Meter, die Breite 7,50 Meter, die Höhe 3,80 Meter. Dazu kommen zehn Sandsteinpfeiler mit Platz für neun Öffnungen, in denen eiserne Schützentafeln hängen. Steigt das Elbwasser, werden die Tafeln nach oben gezogen, damit das Wasser durch das Wehr in einen Umflutgraben strömen kann. Kurz gesagt: Das Pretziener Wehr ist eine technische Meisterleistung. 1875 eingeweiht, ist es damals Europas größtes Schützenwehr – und funktioniert bis heute. Wer weiß: Vielleicht gehört es bald zum nächsten Welterbe Sachsen-Anhalts. Der Antrag läuft. pretziener-wehr.de

1 Schloss Wernigerode Die Ritterburg im Harz könnte den Märchen der Brüder Grimm entspringen

2 Cranach-Höfe In den Wittenberger Gemäuern druckte Cranach d. Ä. Luthers Neues Testament

10 SCHLOSS WERNIGERODE

Eine Ritterburg wie aus dem Märchen: Das Schloss Wernigerode blickt auf eine über 900-jährige Geschichte zurück, ist die Krone der Harzstadt und eines der führenden Interieur-Museen Deutschlands. Nirgends lässt sich detailreicher in die Wohnkultur des Hochadels eintauchen: Fast 40 Räume zeigen, wie die Grafen zu Stolberg-Wernigerode einst gelebt haben. Und noch mehr: Von der Schlossterrasse lässt sich bis weit in den Harz blicken. An klaren Tagen sogar bis zum Brocken, mit 1141 Metern der höchste Berg Norddeutschlands.

schloss-wernigerode.de

11 WANDERDÜNE FUCHSBERG

Sie ist die letzte ihrer Art – die Sanddüne bei Gommern, entstanden in der Weichseleiszeit vor 115 000 bis 10 000 Jahren. Früher einmal wellte sie sich 70 Meter hoch, heute sind es bloß noch 20. Viel von ihrem Sand wurde für das nahe, von Bomben zerstörte Magdeburg nach dem Zweiten Weltkrieg gebraucht. Mein Tipp: der Blick vom Aussichtsturm am Kulksee auf den Fuchsberg. gommern.de

12 CRANACH-HÖFE

Wittenberg, Markt 4, eine legendäre Adresse: 1512 richtete Lucas Cranach d. Ä. hier seine Malerwerkstatt ein. Später, als er in die nahe Schlossstraße umzog, eröffnete er hier eine Druckerei, die Luthers Neues Testament herausbrachte. Ab 1989 wurden die Höfe vor dem Verfall gerettet, heute kann man hier Künstlern bei der Arbeit zusehen.

lutherstadt-wittenberg.de

13 BURG GIEBICHENSTEIN

Seit mehr als 100 Jahren werden auf der Burg Giebichenstein, hoch über Halle, Künstler und Designer ausgebildet. Besuchen Sie unbedingt eine der zahlreichen Ausstellungen, verpassen Sie aber auch nicht, den Burgturm hinaufzukraxeln. Sonst würde Ihnen entgehen, was die Burg so sagenumwoben macht. Ich sage nur: Ludwig der Springer. Angeblich saß der Thüringer Fürst hier im Kerker. Mehr verrate ich nicht. Nur so viel: Der Sprung war ziemlich wagemutig.

burg-halle.de

14 TANGERMÜNDE

Bach-Liebhaber – und alle anderen Besucher – sollten hier unbedingt einem Konzert in der Kirche von St. Stephan lauschen: Die Orgel, 1624 vom Meister Hans Scherer kunstvoll angefertigt, ist ein Ohrenschmaus. Zu einem Gesamtkunstwerk verbindet sich alles mit einem Streifzug entlang der Fachwerkhäuser und einem Blick auf die spätgotischen Backsteingiebel des historischen Rathauses, erbaut ab 1430, die wie Seidenspitze wirken. Völlig logisch, dass Tangermünde 2019 zu »Deutschlands schönster Kleinstadt« gekürt wurde.

tangermuende.de

15 STENDAL

Ein Abstecher ins Herz der Altmark? Unbedingt! Einmal wegen des reich verzierten Uenglinger Tors, das die Hansestadt seit 1450/60 aufhübscht, zum anderen wegen Johann Joachim Winckelmann, geboren 1717 ebenda. Dass Winckelmann, Begründer der wissenschaftlichen Archäologie, 1763 sogar von Papst Clemens XIII. zum Kommissar aller Altertümer Roms ernannt wurde, auch daran erinnert hier ein sehenswertes Museum.

winckelmann-gesellschaft.com

Mein Takt

**Bahn-Bus-Landesnetz
Sachsen-Anhalt**

www.mein-takt.de

NÄCHSTER HALT:
ERLEBEN UND STAUNEN!

**Mit Bahn und Bus zu
den Welterbestätten
in Sachsen-Anhalt**

BAHN UND BUS – ABER SICHER!

NASA
NAHVERKEHRSSERVICE
SACHSEN-ANHALT GMBH

SACHSEN-ANHALT #moderndenken

DIGITAL AN DIE ELBE

Verbindung
ins Auenland

Vor einiger Zeit paddelte Redakteur Franz Lenze die Elbe zwischen Wittenberg und Coswig entlang – eine Traumreise. Für diese Ausgabe lernte er den Mann kennen, in dessen Händen die Landschaft links und rechts der Ufer liegt: Guido Puhlmann, der Leiter des Biosphärenreservats Mittelelbe (S. 128).

GELÄUTERT

Fotograf **Gerhard Westrich** besuchte zum ersten Mal das Gartenreich Dessau-Wörlitz (S. 36). »Eigentlich bin ich kein Fan künstlich angelegter Landschaftsparks«, sprach er – und wurde eines Besseren belehrt. »Abwechslungsreich, vielseitig und schön« sei die Reise gewesen. Das Bild von sich vor dem Venustempel schoss er mangels Stativ mit seiner Drohne.

VERDIENTE PAUSE

Kaum erhellte das erste Morgenlicht Sachsen-Anhalts größte Stadt Halle, war Fotograf **Lukas Spörl** auf Motivsuche (S. 68): Nach dem Streifzug durchs Paulsviertel gönnte er sich eine Pause im behaglichen Café »Polenka«, bevor es weiterging zum Landesmuseum für Vorgeschichte – um die Himmelsscheibe von Nebra abzulichten (S. 58).

BEGEISTERT

Seit MERIAN-Kolumnist **Till Raether** im Dessauer Bauhaus übernachtete, faszinieren ihn Sachsen-Anhalts kulturelle Besonderheiten. Auf Seite 130 erzählt er, wie er das Immaterielle Welterbe des Bundeslandes entdeckte und schätzen lernte – und warum Lebendschach eine vernünftige Einstellung für alle Lebenslagen sein kann.

REISEN BEGINNT IM KOPF

Lust auf eine Auszeit vom Alltag? Der **MERIAN**-Podcast »**REISEN BEGINNT IM KOPF**« nimmt Sie in jeder Episode mit auf ein perfektes Wochenende. **Kathrin Sander** und **Inka Schmeling** aus der **MERIAN**-Redaktion präsentieren Orte, Menschen und Routen, die Lust aufs Reisen machen. Freuen Sie sich auf Highlights und persönliche Tipps und lassen Sie sich inspirieren!

Zu hören bei Apple Podcasts, Spotify, Google Play Musik, deezer und auf merian.de

Die Stars der Steine

Eine Straße voller Burgen und Schätze, magische Sprüche aus alten
Zeiten und waghalsige Abenteuer in luftiger Höhe: Sachsen-Anhalt
ist das Land kühner Ideen und alter Meisterwerke

1 JERICHOW Die Kloster-
kirche ist ein Backsteinbau der
Spätromanik **2 MERSEBURG**
Schloss und Dom bieten
einen märchenhaften Anblick
3 HAVELBERG Im Dom lenkt
das Triumphkreuz den Blick
zum hohen Gewölbe

Wie eine riesige Acht schwingt
sich die »Straße der Romanik«
durch Sachsen-Anhalt. 1993
ins Leben gerufen, teilt sich die Mittelalter-
trasse des Landes in eine Nord- und eine
Südroute, die sich in Magdeburg treffen. Im
Norden führt sie von der Börde bis in die
Altmark, im Süden durch den Harz bis in
die Weinregionen von Saale und Unstrut.
Auf ihrem Weg liegen 88 historische Bau-
werke (manchmal auch bloß noch die Reste
davon) und verschönern 73 Städte und
Dörfer: Burgen, Dome, Klöster, Kirchen und
Pfalzen, die einstigen Stützpunkte reisender
Könige. Guter Startpunkt für eine Tour ist
Beuster, das nördlichste Dorf der Route mit
einer der ältesten Backsteinkirchen nördlich
der Alpen, bevor es von dort über Havelberg, Jerichow und Pretzien zu den Stars
von Sachsen-Anhalt geht: nach Halberstadt, Merseburg und Quedlinburg mit den
berühmten Domen und Schätzen. Und natürlich nach Naumburg, zur jüngsten Welterbestätte im Bundesland (siehe S. 108).

FOTOS: INVESTITIONS- UND MARKETINGGESELLSCHAFT SACHSEN-ANHALT MBH, FALKO MATTE/VEREINIGTE DOMSTIFTER, PETER HIRTH, PHOTOCREW/ADOBE STOCK, HARZDRENALIN GMBH/BLENDE2

HARZER KÄSE

Gelblich, leicht glasig und mit Kümmel bestreut: Harzer Käse ist eine würzige Delikatesse, die nur noch selten aus dem Harz kommt. Richtigen Harzer Käse aus entrahmter Sauermilch, hübsch gerollt oder zu Fladen gepresst, findet man noch bei kleinen Betrieben wie dem Westerhäuser Käsehof in Thale.

Thale, Unter dem Mühlenberg 410
käsehof-am-harz.de

NERVENKITZEL

IM HÖHENRAUSCH

Wer sich hier ins Abenteuer stürzt, sollte schwindelfrei sein: 458,5 Meter misst die luftige Hängebrücke nahe Blankenburg – ringsum herrscht die Weite des Harzes, und unten gähnt das gewaltige Staubecken der Bode. Nicht Nervenkitzel genug? Dann wäre vielleicht Europas längste Doppelseilrutsche etwas. Am Drahtseil hängend fliegt man in 120 Meter Höhe über das gesamte Ensemble hinweg. Und zwar pfeilschnell: mit bis zu 85 Stundenkilometern.

harzdrenalin.de

HÄNDEL FESTSPIELE HALLE

27. MAI – 12. JUNI 2022

FEUERWERK UND HALLE-LUJA
100 JAHRE HÄNDEL-FESTE IN HALLE

**SONDERAUSSTELLUNG
AB 24. FEBRUAR 2022**

✱ unter der Schirmherrschaft des Bundespräsidenten

Süßes aus Sachsen-Anhalt

Salzwedeler Baumkuchen
Ob mit Schoko- oder Zuckerglasur, seine Zubereitung ist aufwendig: Der Teig wird in Schichten aufgetragen und am offenen Feuer gebacken.
baumkuchen-salzwedel.de

Butterkekse
1906 gegründet und bis heute Titelverteidiger: Der »einzig runde Butterkeks Deutschlands« kommt aus der Keksfabrik in Wittenberg.
wikana.de

Tangermünder Nährstange
Beliebter Milchschaum-riegel der jungen DDR, zwischen-durch verschwunden, weil die Zutaten fehlten, seit 1985 wieder da – bis heute handgefertigt.
naehrstange.de

SONNENOBSERVATORIUM

Stonehenge in Goseck

1991 entdecken Archäologen auf einem Feld nahe Naumburg eine Sensation: eine – heute rekonstruierte – Kreisgrabenanlage mit einem Durchmesser von 75 Metern. Frühe Bauern sollen hier vor rund 7000 Jahren mithilfe von zwei Reihen Palisaden den Sonnenstand zum Zeitpunkt der Wintersonnenwende bestimmt haben. Forscher sehen eine Verbindung zur Himmelsscheibe von Nebra (siehe S. 58), obwohl sie rund 3000 Jahre jünger ist: Auch die auf ihr abgebildeten Horizontbögen versinnbildlichen die Wintersonnenwende. Im nahen Schloss Goseck erklärt eine ausführliche Ausstellung Europas ältestes Sonnenobservatorium. himmelswege.de

ZAUBEREI

MAGISCHE VERSE

Zwei mystische Beschwörungsformeln auf Althochdeutsch – die eine, um Gefangene zu befreien, die andere, um eine Fußverletzung zu heilen. Die »Merseburger Zaubersprüche«, entdeckt 1841, hat ein Mönch vor mehr als 1000 Jahren verfasst. Die Zeilen des heid-nisch-germanischen Brauchtums werden in der Domstiftsbibliothek von Merseburg verwahrt. Vielleicht gehören die Zaubersprüche bald zum Weltdokumentenerbe, der Antrag ist gestellt (siehe S. 86).
merseburger-dom.de

GROSSER FOTOWETTBEWERB
ZEIGEN SIE IHRE BESTEN BILDER

Jetzt mitmachen! Wir suchen Fotos zu: OBERÖSTERREICH, ITALIEN, MALLORCA

Traumreise für 10 000 € zu gewinnen

»Die Lust am Reisen« – unter diesem Motto suchen MERIAN und CEWE die schönsten Leserfotos. Senden Sie Ihre Lieblingsbilder aus aller Welt ein! Hauptgewinn ist eine exklusive Tour im Wert von 10 000 Euro: Sie begleiten einen MERIAN-Fotografen auf seiner Recherchereise an ein besonderes Urlaubsziel. Mitmachen ist ganz einfach – und **Sie haben sogar zwei Gewinnchancen!**

In Kooperation mit CEWE, Europas führendem Fotoservice

1. CHANCE: LESERFOTO DES MONATS

Jeden Monat werden Ihre besten Fotos zum nächsten Heftthema gesucht: einfach online hochladen und mitmachen! MERIAN prämiert das beste Leserfoto und veröffentlicht es im Heft (s. S. 16). Die nächsten Themen: **Oberösterreich, Italien und Mallorca.** Ihre Fotos sollen einen Bezug zum jeweiligen Monatsthema haben, das Motiv darf frei gewählt werden: Ob Landschaftsbilder oder Straßenszenen – der Fantasie sind keine Grenzen gesetzt. Jeder Monatsgewinner erhält einen CEWE FOTOBUCH Gutschein im Wert von 50 Euro sowie ein MERIAN-Jahresabonnement.

2. CHANCE: FOTO DES JAHRES

Jedes hochgeladene Foto hat dazu automatisch die Chance, das Foto des Jahres zu werden. Für diesen Wettbewerb dürfen Sie auch Bilder von anderen Zielen einsenden. Alles, was zum Motto »Die Lust am Reisen« passt, ist erlaubt: Motive von besonders schönen, originellen oder amüsanten Momenten genauso wie Fotos, die im Gedächtnis bleiben. Die Auswahl trifft eine Expertenjury – und dem Sieger winkt eine exklusive Reise im Wert von 10 000 Euro.

Alle weiteren Infos: www.merian.de/leserfotos

Mit nur einem zusätzlichen Klick können Sie auch am CEWE-Fotowettbewerb »Our world is beautiful« teilnehmen!

CHRISTIAN KAPLAN

»Ich bin großer Bauhaus-Fan und wollte schon immer mal das Gebäude in Dessau sehen«, sagt der aktuelle Gewinner unseres Fotowettbewerbs, Christian Kaplan, 40, dessen Dienstwege sonst eher in die Metropolen dieser Erde führen – er ist Pilot. Doch in Zeiten wie diesen »habe ich endlich mal die Gelegenheit genutzt und einen Ausflug nach Weimar und Dessau unternommen«. Zur blauen Stunde schoss er dieses großartige Foto, das nicht nur für ihn »die Transparenz des Werkstattgebäudes sichtbar macht«, sondern auch die Struktur des Baus offenlegt. Zur Fotografie ist Christian Kaplan durch den Beruf gekommen. »Ein schöner Nebeneffekt ist, dass man für Fotos wegen des Lichts oft schon frühmorgens unterwegs ist.« Da lerne man von stark besuchten Orten eine ganz andere Seite kennen. Aber auch abends lohnt sich das Fotografieren, wie man sieht.

»Die Transparenz des Werkstattgebäudes zeigt sich besonders gut zur blauen Stunde«

FOTOS: CHRISTIAN KAPLAN, JEAN-BAPTISTE HÖPPNER

DAS SAGT DIE JURY

Violetta Bismor, MERIAN-Bildredakteurin: »Dieses Motiv fasziniert mich, weil es beinahe wie bei einem Tangram-Spiel ist: Ich sehe einzelne Segmente und glaube, ich könnte sie verschieben und neu zusammenstellen. Ich denke, auch Christian Kaplan hat genau geschaut, die Linien betrachtet, die Formen. Erst dann hat er sich für den akkuraten Bildaufbau entschieden. Dies sind die Augenblicke, in denen auch Fotografen zu Architekten werden und ein Gesamtwerk komponieren.«

DER HARZ ZEIGT
SICH IM BESTEN LICHT

Vom Hexentanzplatz bei Thale, einem Plateau in
450 Meter Höhe, fährt der Blick im Abendlicht
Achterbahn: auf den Granitfelsen namens Rosstrappe
rechts im Bild, durch den grünen Urwuchs des
Bodetals bis zum breiten Kegel des Brocken. Einziger
Wermutstropfen: Hier oben kann es voll werden.
Denn nicht nur über einen sechs Kilometer langen
Rundweg gelangt man entspannt auf das Plateau,
sondern auch per Kabinenbahn

EIN LAND MIT STARKEM PROFIL

Im Norden und Osten schmiegt es sich an die Elbe,
im Süden lässt es der Saale ihren Lauf, in der Mitte machen sich
die Gipfel und Täler des Harzes breit.
Und die Architektur ist so vielfältig wie die Landschaft:
mit Backsteingotik, Fachwerk und Bauhaus

GEKONNTER STILMIX: QUEDLINBURGS FASSADEN

Ein buntes Patchwork mit fast 400 Jahren Altersunterschied steht mitten im UNESCO-Welterbe der Quedlinburger Altstadt. Um 1310 entstanden die ältesten Teile des Rathauses, erkennbar an der begrünten Fassade, von Mitte des 16. Jahrhunderts bis 1701 die verschachtelten Schönheiten gegenüber. Zwei davon zählen zu den mehr als 2000 Fachwerkhäusern der Stadt, die 2022 ihre Ersterwähnung vor 1100 Jahren feiert

BESUCH BEI MARTIN LUTHER

Rund 100 Kilometer liegen zwischen den beiden Luther-Städten. In Eisleben, wo der Reformator 1483 geboren wurde, steht er seit seinem 400. Geburtstag in Bronze auf dem Marktplatz. An der Tür der Schlosskirche von Wittenberg soll er 1517 seine 95 Thesen veröffentlicht haben, die das System Kirche und damit auch die Welt veränderten. Luther wurde in der Schlosskirche beigesetzt, seine Thesen sind heute an einer ihrer Türen in Bronze verewigt

EIN FÜRSTLICHES
GARTENREICH MIT TIEFGANG

Welch Glück, dass Fürst Leopold III. Friedrich Franz von Anhalt-Dessau ein weltgewandter Feingeist war! Unter seiner Regie entstand ab 1765 der von englischen Gärten inspirierte Wörlitzer Park – bis heute ein Besuchermagnet mit besten Aussichten: etwa von einem der Boote auf dem Wörlitzer See auf das Schloss Wörlitz. Seit 2000 zählt das fürstliche Werk mit dem gesamten Gartenreich Dessau-Wörlitz zum UNESCO-Welterbe

MIT VOLLDAMPF AUF
DAS DACH DES NORDENS

Mit rund 700 PS fahren die Dampflokomotiven
der Schmalspurbahnen auf den 1141 Meter hohen
Brocken. 1898 wurde die Strecke eingeweiht.
Der Berg im Harz überragt alles in Norddeutschland.
Einst lag er im innerdeutschen Grenzgebiet, sein
Gipfelplateau war Sperrgebiet. Heute kommen
nicht nur mit der Bahn, sondern auch über diverse
Wanderwege viele Besucher und genießen den
Weitblick – selbst im tiefsten Winter

BACKSTEIN AN DER ELBE, BAUHAUS IN DESSAU

So unterschiedlich können architektonische Highlights aussehen: Das kleine Tangermünde ist ein Backsteingotik-Kleinod, das Neustädter Tor, erbaut um 1300 und Mitte des 15. Jahrhunderts, eines seiner Perlen. Das UNESCO-Welterbe Bauhaus in Dessau, entworfen von Walter Gropius und erbaut 1925/26 als Schulgebäude, wird hier im Rahmen der Bauhausfest-Woche in Szene gesetzt

FOTOS: PETER HIRTH, LUKAS SPÖRL

NATÜRLICHE SCHÖNHEIT
AM LAUFENDEN BAND

Nördlich von Halle beginnt der Naturpark Unteres
Saaletal, der reich an Blumen, Gräsern, Auenwäldern,
hoch aufragenden Felsen und Wanderwegen ist. Einer
seiner schönsten Abschnitte: der Saaledurchbruch bei
Rothenburg, hier der Blick flussaufwärts Richtung
Süden. Sehr gut erkunden lässt sich diese Gegend per
Fahrrad auf dem Saaleradweg oder per Schiff mit der
Halle-Saale-Schifffahrt (halle-saale-schifffahrt.de)

Begegnung mit
Tiefsinn

Seit 39 Jahren lebt **Massum Faryar,** 1959 im afghanischen
Herat geboren, in Deutschland. Die Stadt Halle war neu für ihn, seine Rolle als
Stadtschreiber auch. Doch er fand Orte und Menschen, die ihm erklärten,
was Sachsen-Anhalt so besonders macht

Es war einmal ein Mann, er stammte nicht aus Deutschland, das war ihm anzusehen, aber in fremden Ländern gab er sich als Deutscher aus, weil er sich für den Namen seiner richtigen Heimat schämte. Er kam im Frühling in die Stadt Halle, um für ein halbes Jahr zu bleiben und die Rolle des offiziellen Stadtschreibers einzunehmen. Früher haben Männer mit dieser Bezeichnung in einem Zimmer neben dem König gesessen und alles, was dieser im Laufe des Tages tat oder was sonst in der Stadt geschah, aufgeschrieben. In der heutigen Zeit sind sie Schreibkünstler, die es nicht mögen, neben einem anderen zu sitzen, nicht einmal neben sich selbst.

Unser Mann startete am Bahnhof, und als er den zentralen Marktplatz erreichte, suchte er nach einer Bank, auf der er sich ausruhen und erste Eindrücke niederschreiben konnte. Und da Sitzbänke in dieser Stadt Mangelware waren, musste er sich mitten auf dem weiträumigen Platz, dessen Boden mit abertausenden Pflastersteinen bedeckt war, auf seinen Reisekoffer setzen. Dann holte er sein Notizbuch hervor und schrieb diese Sätze: »Die Wege und Straßen verlaufen entweder bergauf oder bergab, mancherorts schlängeln sie sich auch durch sehr alte Häuserblöcke hindurch; sie sind größtenteils mit dunkelgrauen Pflastersteinen verziert und mit Eisenschienen versehen, auf

denen sich kreuz und quer diese tödlichen elektrischen Bahnen bewegen. Die Plätze sind eher buckelig als flach, und manchmal wächst vor deinem Auge gar ein richtiger Hügel aus dem Boden hervor. Oder war das vielleicht nur eine Einbildung von mir? … Alles in allem stelle ich fest: Diese Stadt ist auf den Ruinen einer Berg- und Tallandschaft gebaut worden …«

Der Stadtschreiber überlegte eine Weile. Er dachte an seine Knie, die in schlechtem Zustand waren, weshalb er meist Fahrrad fuhr; er dachte auch daran, dass er noch nie Straßen aus harten Pflastersteinen gemocht hatte und schon gar nicht solche mit Schienen, die aus seiner Sicht gefährliche Fallen waren; und schließlich daran, dass er schon immer Angst hatte – Angst vor diesen riesigen Ungetümen, die mit ihrem hässlichen Klingeln selbst den Spatzen einen Schrecken einjagten.

Also schrieb er weiter: »Ich muss sehr aufpassen, damit die Zeitungen morgen nicht berichten: Der Tod eines Stadtschreibers auf den kalten Pflastersteinen der Stadt!« Er beschloss auf Anhieb, die Stadt, soweit es ging, zu meiden.

Der Stadtschreiber war aber ein neugieriger Mensch und für jedes Laster zu haben. Daher wusste er nur eine Woche später, wo er Mittag und Abend essen und sogar in welcher Gasse er ein gutes Glas Wein genießen konnte.

Blick auf die Altstadt von Halle:
Die Türme der spätgotischen
Moritzkirche überragen die anderen
Gebäude – nicht nur in der Höhe …

Sein Zuhause war nicht fern vom Zentrum, lag oberhalb der Saale und der lang gezogenen Grünanlage, durch die sie floss. Bei Sonnenschein fuhr er mit dem Fahrrad, das er vom Kulturamt der Stadt bekommen hatte, den Berg hinunter zum Wasser. Dann aber musste er die lange Strecke entlang des Flusses rauf- und runterfahren, bis ein Platz auf einer der wenigen Holzbänke frei wurde. Er blieb darauf sitzen, hielt seinen kleinen Computer auf dem Schoß und schrieb.

An einem Nachmittag saß er neben einem älteren Herrn, dessen graue Haare schön nach hinten gekämmt waren. Dieser sah gepflegt aus und wäre ein angenehmer Nachbar gewesen, doch unermüdlich summte er vor sich hin, zwischendurch hustete oder nieste er, putzte sich mal die Nase, mal die Brille. Mit allem, was er tat, brachte er den Stadtschreiber aus der Fassung, schließlich klappte dieser den Computer zu, steckte ihn in die Tasche und holte sein Notizbuch hervor. Darin schrieb er mit ruhiger Hand einige Sätze: »Der Tag ist schön. Ich sitze an der Saale, die so still vor sich hin träumt, und versuche voranzukommen. Doch ein alter Herr sitzt neben mir; er kann nicht still bleiben; schon am Anfang, als ich mich zu ihm setzen wollte und er mich freundlich gegrüßt hat, wirkte er so, als ob er gern mit mir sprechen möchte …«

Da wurde er in seinem Schreiben unterbrochen:
»Was schreiben Sie so, junger Mann? Tagebuch?«
Der Stadtschreiber klappte das Heft zu und antwortete: »So etwas Ähnliches.«
»Dann lassen Sie sich nicht stören.«
Nun holte unser Mann ein kleines illustriertes Buch für Reisende über die Stadt und die Region hervor. Und bevor er es aufgeschlagen hatte, sprach sein Nachbar ihn wieder an:
»Was haben Sie bisher von Halle gesehen?«
»Nicht viel. Diesen Park hier, den Fluss und das Schokoladenmuseum.«
»Dann haben Sie das Wichtigste gesehen.«
»Wieso? Schöneres gibt es nicht in Halle?«
»Doch, doch! Den Bahnhof«, antwortete der alte Herr. »Das Schönste in Halle ist der Bahnhof.«
Der Stadtschreiber wusste nicht, ob er es ernst meinte.
»Um den Bahnhof zu erreichen, muss ich einige Berge rauf- und runterfahren.«
»Das lohnt sich aber. So kommen Sie nach Leipzig.«
»In eine Stadt also, wo ich einmal eine schlechte Erfahrung gemacht habe.«
»Wirklich? Was für eine?«

»Vor vielen Jahren hat mich eine alte Dame am Leipziger Bahnhof beschimpft, weil ich eine Taube gefüttert habe.«

»Was hat sie Ihnen gesagt?«

»Tauben können Sie bei sich zu Hause füttern, aber nicht hier bei uns in Deutschland.«

»Und das hat Ihnen eine Frau in Leipzig gesagt?«

Der Stadtschreiber musste kurz überlegen.

»Ach, nein! Das war nicht in Leipzig, sondern in Dresden.«

Da lachte sein Nachbar. *»So passt die Geschichte besser.«*

»Dann darf ich annehmen, dass Sie aus Leipzig kommen?«

Dieser verneinte mit einem Kopfschütteln, und der Stadtschreiber wollte wissen, ob er denn aus Halle stamme.

»Weder noch. Ich komme aus Magdeburg. Und bei uns heißt es: In Halle werden die Dummen nicht alle.«

»Aber in Magdeburg an der Elbe, so habe ich gehört, ist es genau dasselbe.«

Da lachten beide, und der alte Herr meinte: *»Als Weltkulturerbe eignen sich jedenfalls beide nicht.«*

»Wie kommen Sie jetzt auf dieses Thema?«

»Ich habe achtunddreißig Jahre lang Alte Geschichte unterrichtet und Weltkulturerbe.«

»Großartig, Sie sind also ein Universitätsprofessor!«

»Ja, und zweimal Doktor!«, lachte der Mann.

»Wunderbar!«

»Und nun Emeritus!«

»Schön!«, rief unser Mann begeistert und lachte mit. *»Ich weiß gar nichts über die alte Geschichte dieses Landes.«*

»Sie wissen gar nichts?«

Der Stadtschreiber überlegte kurz. *»Mir fällt der Name Otto ein. Und das Jahr 900 und etwas.«*

»Immerhin!« Der Professor hustete kurz. *»Otto ist der ganze Stolz der Magdeburger. Das ist der Grund, warum sie ihre Stadt ›Ottostadt‹ nennen. Wir haben einige Ottos, auf die wir stolz sind. Das waren immer Namen, von denen ein Nutzen ausgegangen ist. Manchmal sogar für die ganze Menschheit. Sagt Ihnen der Name Otto von Guericke etwas?«*

»Nein. Wer war das?«

Der Gelehrte blickte auf das Fahrrad des Stadtschreibers. *»Ohne ihn würde Ihr Rad nicht gut rollen. Er hat die Luftpumpe erfunden.«*

»Großartig!«

»Mit dem großen Otto, den Sie gemeint haben, verbinden wir einen Herrscher, der das Reich zum ersten Mal gegen die inneren und äußeren Feinde einte.«

»So einen Otto hätte auch mein Land gebraucht.«

Der Professor hörte das Flüstern des Stadtschreibers, nahm seine Brille ab und sah ihn mit seinen hellblauen Augen an, während er mehrmals nickte: *»Sie sagen es! Ja! Ihre Völker brauchen Ottos und keine Ayatollahs oder Taliban.«*

Er sprach weiter von dem großen Otto, der als Nachfolger von Karl dem Großen gekrönt worden war, von dessen schlichtem Grab im Magdeburger Dom und davon, dass diese Kirche heute zum Leidwesen einiger Magdeburger nicht zum Weltkulturerbe gehört.

»Ottos Vater aber«, fuhr er fort, *»König Heinrich I. hinterließ ein beeindruckendes Welterbe mit einer Pfalz am Rande des Harzes, seine Lieblingsresidenz. Kennen Sie die Stadt?«*

»Nein.«

»Ihr Name ist Quedlinburg, sie liegt 80 Kilometer von Halle entfernt. Ich würde Ihnen empfehlen, diese mittelalterliche Stadt zu besuchen und dort durch die Zeiten zu wandeln.«

Er erzählte dann von den Bauwerken der Stadt, aber auch von Schatzstücken, die zum Großteil Geschenke der Ottonen an das ehemalige Damenstift waren, und schließlich von der Macht der Frauen in Sachsen-Anhalt.

»Jetzt sind Sie bestimmt gelangweilt«, beendete er seinen Vortrag.

»Gelangweilt auf keinen Fall, aber verstanden habe ich nicht alles. Um ehrlich zu sein, begeistere ich mich nicht so sehr für historische Orte. Ich gehe auch nie in Museen, und die Malerei interessiert mich ebenso wenig.«

»Dann sind Sie ein Mensch, der mit der Kultur nicht viel am Hut hat.«

»Ich bin eher ein Mann des Wortes.«

»Wenn Sie aber ein Mann der schönen Worte sind, dann interessieren Sie bestimmt die Gärten, Parks und Schlösser von Dessau-Wörlitz. Selbst Goethe war davon begeistert. Sie gehören ebenso zum Weltkulturerbe der Region.«

»Lieber Herr Professor!«, stieß der Stadtschreiber hervor. *»Gibt es in dieser Stadt kein Weltkulturerbe, das ich bewundern könnte?«*

»Doch, doch! Die Himmelsscheibe von Nebra. Aber nur im Museum, mein Lieber.«

Nach diesen Worten erhob sich der Professor und sagte, er dürfe seinen Kaffee nicht verpassen. *»Mutti hat Kuchen gebacken.«*

»Ihre Mutter?«, murmelte der Stadtschreiber und erhob sich gleichfalls, um ihm Respekt zu erweisen.

»Ich meine natürlich meine Frau«, antwortete er und sah ihn fragend an. *»Was sind eigentlich die Aufgaben eines Stadtschreibers? Muss er sich nicht mit kulturellen Themen oder Fragen beschäftigen? Oder vom kulturellen Geschehen in der Stadt berichten? Oder habe ich Sie verwechselt?«*

»Nein, nein«, lachte unser Mann verlegen. *»Ich bin der neue Stadtschreiber, aber ich weiß noch nicht, was mich hier alles erwartet.«*

»Ach, das wird schon«, erwiderte der Professor und reichte ihm seine Visitenkarte, die er aus einem Etui holte. *»Falls Sie meine Hilfe brauchen. Also dann!«*

Der Stadtschreiber dankte ihm, blieb stehen und sah zu, wie er sich langsam entfernte. Es dauerte eine Weile, bis er wieder bei sich war und auf die kleine weiße Karte in seiner Hand blickte und las: Prof. Dr. Dr. Otto von Alemann.

Später stand in seinem Notizbuch: *»Großartig, einer von den Nützlichen!«*

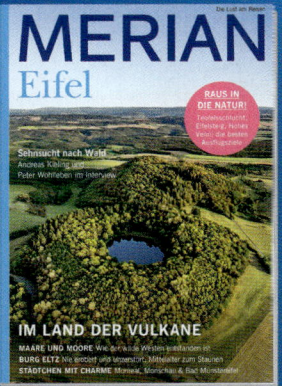

TEXT **ANDREAS MOLITOR**
FOTOS **GERHARD WESTRICH**

EIN FÜRST

DAS WÖRLITZER SCHLOSS (links und Mitte) entstand bis 1773 und gilt als Gründungs- bau des Klassizismus in Deutschland. Es ist Herzstück des gleichnamigen Parks, der nur wenige Jahre zuvor im damals neuartigen englischen Stil angelegt wurde

SIEHT GRÜN

Das Gartenreich Dessau-Wörlitz ist ein grandioses Gesamtkunstwerk aus weitläufigen Parks und pittoresken Schlössern. Doch was ab 1765 als Lebensprojekt eines Fürsten entstand, bedroht heute der Klimawandel

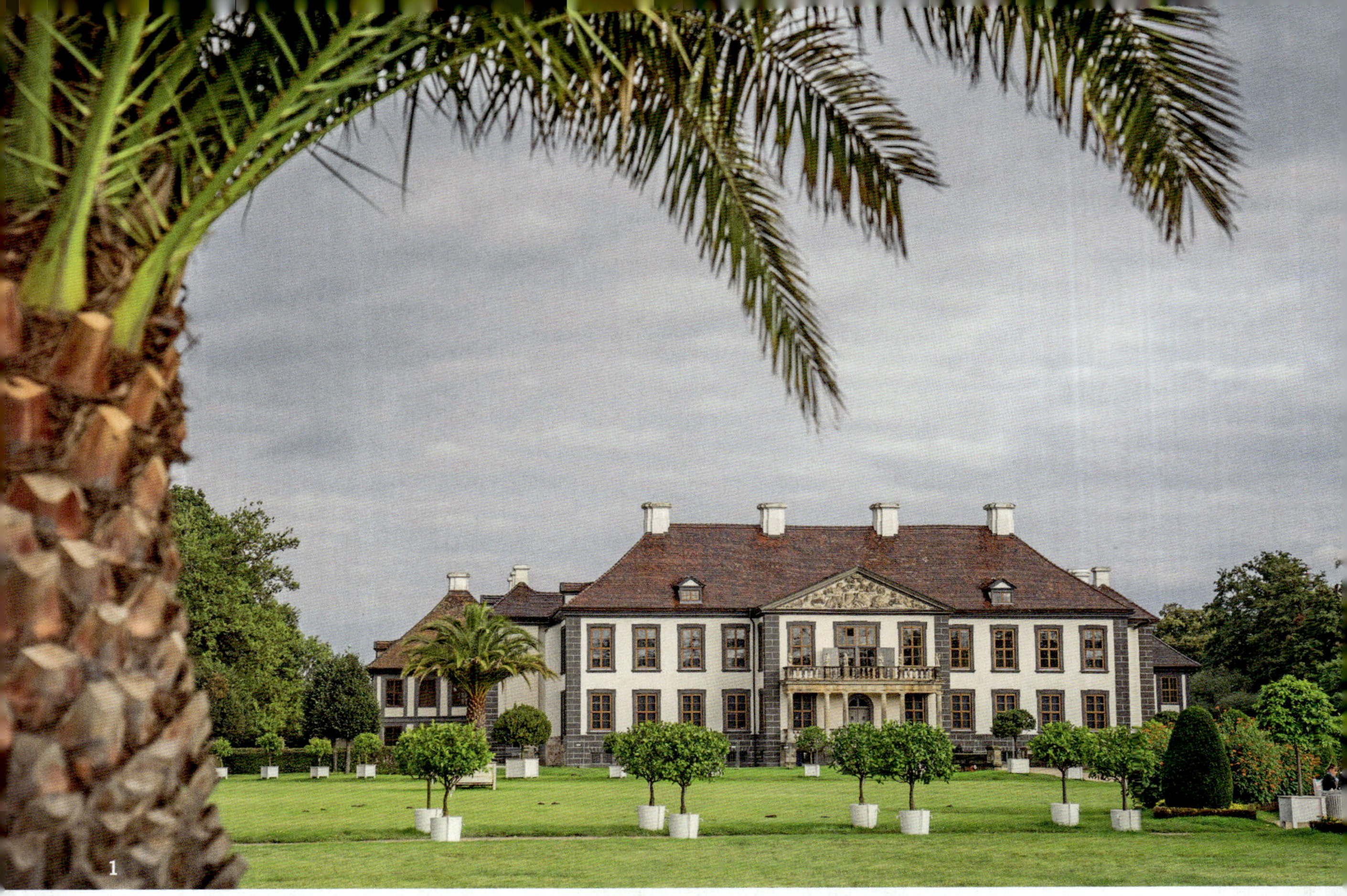

1

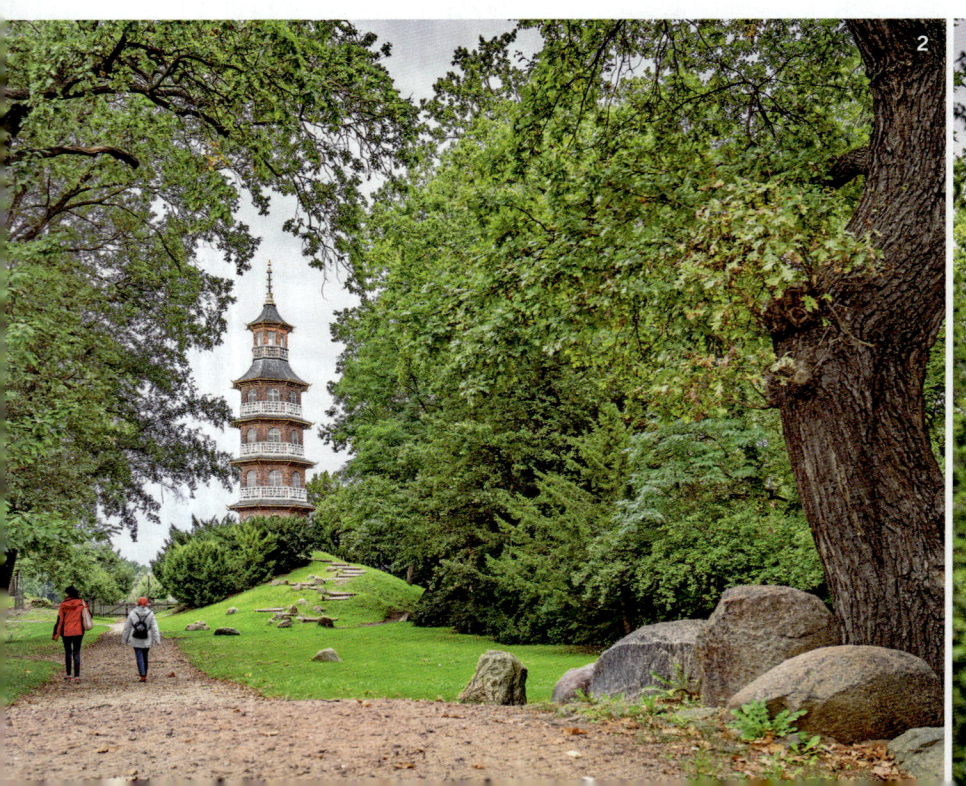

SCHÖNE DURCHBLICKE SIND HIER KEIN ZUFALL: DIE NATUR FOLGT EINER FEINEN DRAMATURGIE

2

3

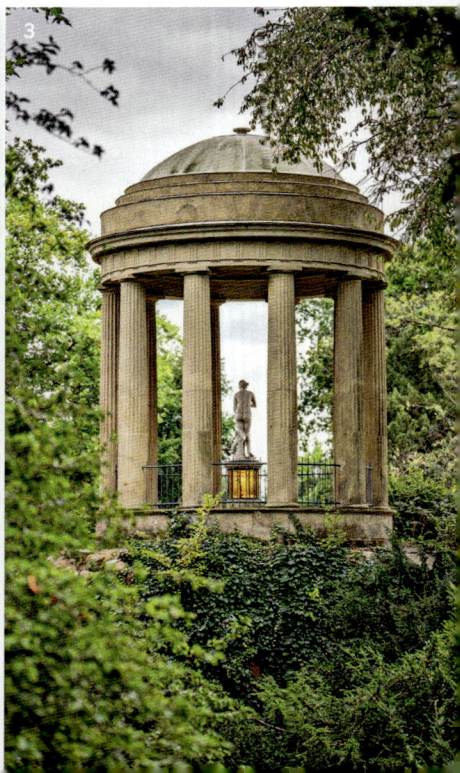

V

Vierzehn Pappeln recken sich auf der Rousseau-Insel erhaben in den Himmel, wie einen Kreis umschließen sie die weiße Urne, die der Grabstätte des berühmten französischen Philosophen nachempfunden ist, sanft umplätschert vom Wörlitzer See. Das kleine Eiland bettet sich malerisch in die weitläufigen Gefilde des Gartenreichs Dessau-Wörlitz ein. Eine Augenweide.

Bis zum Sommer 2018, der extrem trocken und heiß ist. Und plötzlich ragt die Insel nicht mehr aus dem Wasser, sondern aus schwarzbraunem, von einer schrundigen Kruste überzogenem Modder. Weite Teile des Gartenreichs bieten im Herbst des Jahres ein trauriges Bild – mit braunfleckig verdorrten Elbwiesen und trocken liegenden Gräben und Weihern. Die Auswirkungen des Klimawandels hatten der einzigartigen, sich an die Läufe von Elbe und Mulde schmiegenden Kulturlandschaft im Osten Sachsen-Anhalts schwer zugesetzt.

Eindringlicher hätte der Hinweis kaum sein können, wie verletzlich ein solches Kultur- und Naturdenkmal sein kann. »An solchen Bildern wird erlebbar, was zwei trockene Sommer in Folge für einen solchen Park bedeuten«, sagt Michael Keller, seit 2017 Gartendirektor der Kulturstiftung Dessau-Wörlitz, »so etwas macht den Klimawandel für jedermann begreifbar.« Die Liste der Schäden ist seitdem länger geworden. Die Gehölzbestände in

MICHAEL KELLER leitet seit 2017 als Gartendirektor der Kulturstiftung Dessau-Wörlitz das Team, das sich um die Gärten und Gewässer des Weltkulturerbes kümmert

den historischen Gärten sind deutlich gekennzeichnet, hier und da klaffen mittlerweile erhebliche Lücken. Allein im vorigen Winter mussten Kellers Gärtner Dutzende von Koniferen fällen; auch etliche jahrhundertealte Eichen unmittelbar am Ufer des Wörlitzer Sees leiden unter dem »Trockenstress« und dürften kaum noch zu retten sein.

»Sie schaffen es nicht mehr, auf diese extremen Schwankungen im Wasserstand zu reagieren«, erklärt der 48-jährige Landschaftsarchitekt. Irgendwann bleibt nur die »Entnahme« – Endstation Kettensäge.

Der Klimawandel ist die wohl größte Bedrohung in der langen Geschichte dieses einzigartigen Ensembles aus Parkanlagen und Schlössern, das im Jahr 2000 zur UNESCO-Weltkulturerbestätte geadelt wurde – als »herausragendes Beispiel für die Umsetzung philosophischer Prinzipien der Aufklärung in einer Landschaftsgestaltung, die Kunst, Erziehung und Wirtschaft harmonisch miteinander verbindet«. Die sechs in den anhaltischen Auenlandschaften verstreut liegenden historischen Parkanlagen des Gartenreichs führen den Besuchern sinnlich erlebbar jene Gartenrevolution vor Augen, die Deutschland im 18. Jahrhundert erfasste: die allmähliche Abkehr von der barocken Parktradition mit ihrer streng symmetrischen Anlage und der Siegeszug des Englischen Gartens. Der Wörlitzer Park, einer der

1 In sein Gartenreich integrierte Fürst Franz auch das ältere Schloss Oranienbaum und den dazugehörigen Barockgarten 2 Einen Teil davon lässt er dabei zu einem Englisch-Chinesischen Park umgestalten – inklusive fünfgeschossiger Pagode 3 Aufklärerisches Bildungsprogramm: Der Venustempel zitiert ein antikes Vorbild in Tivoli

ersten englischen Landschaftsgärten auf dem europäischen Kontinent, ist das »Flaggschiff in einer Flotte von Gartenanlagen«, wie es Thomas Weiss, der frühere Direktor der Kulturstiftung, einmal formulierte – ein »begehbares Spiegelbild der aufgeklärten Weltanschauung eines deutschen Fürsten in der zweiten Hälfte des 18. Jahrhunderts«.

Mehr als 40 Jahre lang baute der charismatische und weltoffene Fürst von Anhalt-Dessau, Leopold III. Friedrich Franz, genannt Fürst Franz, in der zweiten Hälfte des 18. Jahrhunderts an seinem Gartenparadies. Es habe ihn zutiefst gerührt, schrieb Johann Wolfgang von Goethe, der siebenmal in Wörlitz war, in einem Brief an Charlotte von Stein, »wie die Götter dem Fürsten erlaubt haben, einen Traum um sich herum zu schaffen«.

Auf Studienreisen nach England und Italien hatte sich der aufklärerisch gestimmte und antikebegeisterte Herrscher inspirieren lassen und schuf in seinem winzigen Fürstentum nach den erlebten Vorbildern ein Gartenreich, das durchkomponiert ist wie eine Symphonie: ein Panorama aus Auenlandschaften mit knorrigen Solitäreichen, die wie Wächter über die Landschaft in den Himmel ragen, aus Schlössern und Tempeln, Inselchen und Brückchen, Skulpturen und Gedenksteinen. Eine »eigenartige Melancholie« liege über allem, schreibt die Grünen-Politikerin Antje Vollmer, die seit den sechziger Jahren immer wieder zu Gast in Wörlitz ist: »Hier war noch einmal der Traum einer vollkommenen, kreativen Symbiose zwischen Mensch und Landschaft, Natur und Kultur als Gegenprogramm zum aufkommenden industriellen Zeitalter geträumt worden.«

DIE GÄRTEN SOLLEN BILDEN. SIE ZEIGEN EINE WELT IM KLEINFORMAT – VOM VULKAN BIS ZUR PAGODE

Das Gartenreich sollte allerdings nicht nur die höfische Gesellschaft unterhalten, sondern die Besucher zugleich bessern und belehren, sie auf eine Kontemplations- und Bildungsreise durch ein miniaturisiertes Europa entführen. Vielerorts finden sich antike Symbolik und Zitate italienischer Baukunst – ein verkleinerter Nachbau des römischen Pantheons etwa und sogar eine auf Parkmaße zurechtgestutzte Kopie des Vesuv, ein Vulkänchen, wenn man so will. Franz' Gärten sind Orte der Bildung unter freiem Himmel. Im Wörlitzer Park präsentiert der Fürst zum Beispiel eine mit pädagogischem Impetus angelegte Technikgeschichte des Brückenbaus mit 17 Brücken – vom Baumstamm, quer über einen Kanal gelegt, bis zur Eisenbrücke nach englischem Vorbild.

Mehr als 200 Jahre hat diese durchgestaltete Natur überdauert. Sie hat ungezählte Elbhochwasser, zwei Weltkriege, die Industrialisierung und die Umweltsünden des DDR-Sozialismus überstanden. Aber welches sind jetzt, angesichts des Klimawandels, die Optionen? Sollte der Gartendirektor im Vorgriff auf das Kommende nur noch Gehölze anpflanzen, die in mediterranem Klima gedeihen – weil alles andere früher oder später ohnehin verdorrt? Michael Keller warnt vor der großen Tabula rasa und mahnt zu behutsamem Vorgehen. »Wir haben die Verpflichtung, dieses Erbe zu erhalten«, sagt Keller. »Blinder Aktionismus wäre frevelhaft, weil er den Charakter der Anlagen von Grund auf und vermutlich unumkehrbar verändern würde – und das widerspricht unserem Auftrag.« Natürlich haben er und sein Team alle Sinne auf Empfang gestellt. Was sagt die Forschung? Welche Erkenntnisse zieht man aus der Analyse der Daten zur aktuellen Entwicklung der

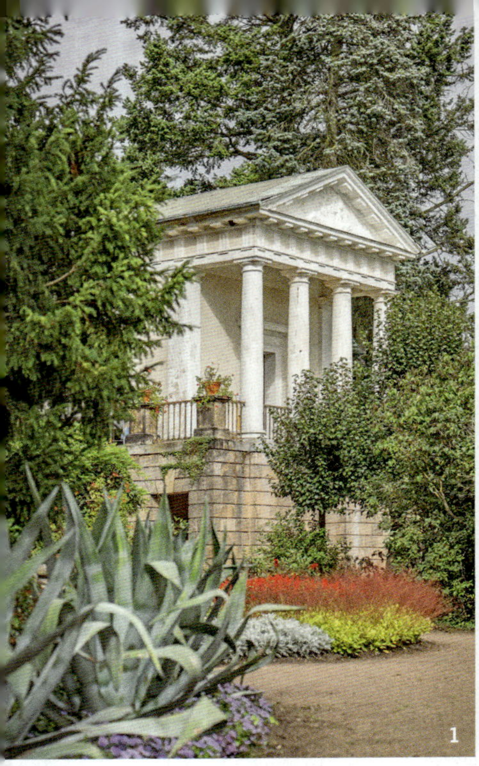

1

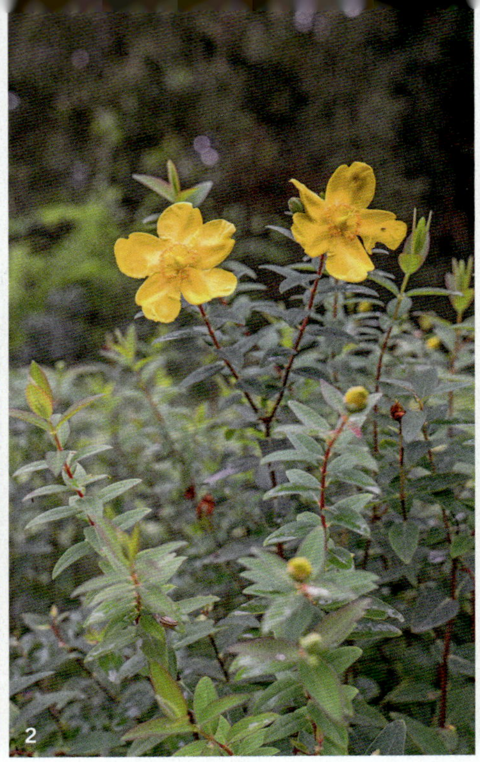

2

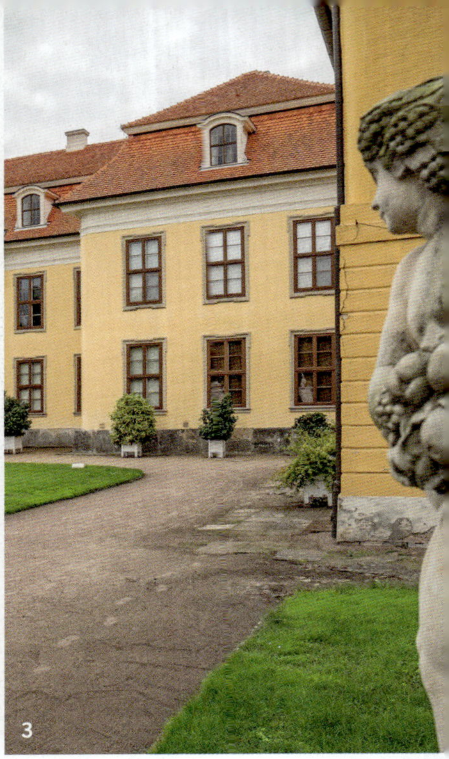

3

DIE KLIMAKRISE BEDROHT AUCH DAS GRÜNE ERBE. WIE LÄSST ES SICH TROTZ HITZE UND DÜRRE BEWAHREN?

4

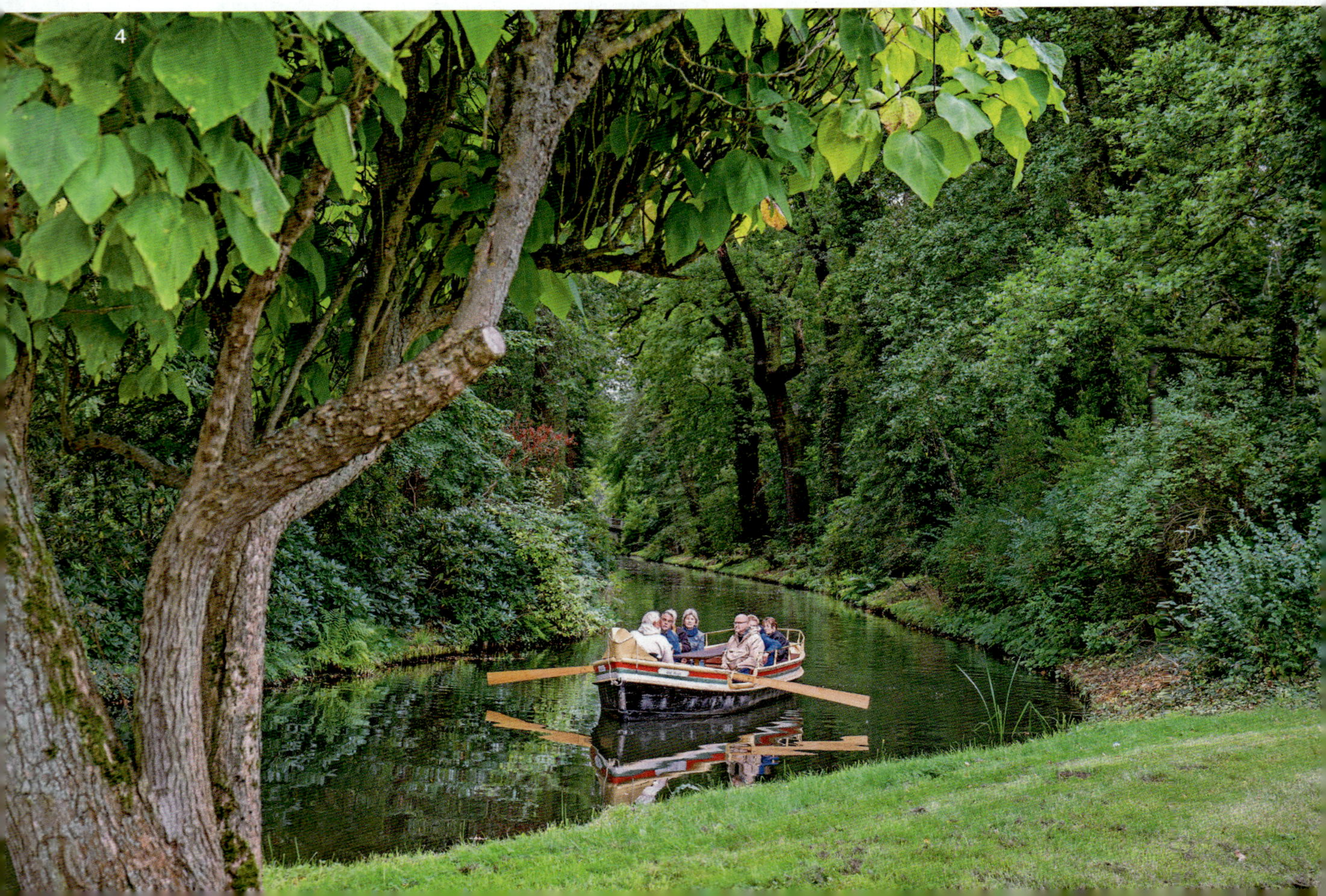

Pflanzenbestände? Gibt es Spezies, die im veränderten Klima besonders gut gedeihen und andere verdrängen? Sollte man die Gehölze im Sommer regelmäßig bewässern? Ist das technisch überhaupt machbar? Allzu viele Antworten auf all diese Fragen gibt es noch nicht.

Der Klimawandel gibt der Arbeit eines Gartendenkmalpflegers einen neuen Fokus – nämlich die Beantwortung der Frage, wie das einzigartige Erbe auch unter sich ändernden klimatischen Bedingungen bewahrt werden kann. Schließlich sollen die Besucher des Wörlitzer Parks auch künftig die gesamte Aura seiner Entstehungszeit nachfühlen können. Der Interpretation des Gründungsauftrags – nach Gutdünken oder Zeitgeist – sind im Denkmal engste Grenzen gesetzt. Ein Gartendirektor ist primär Bewahrer, nicht Gestalter. Bei seiner Arbeit kann sich Keller auf alte Pläne stützen, auf Schriftstücke und historische Ansichten, aus denen sich durch quellenkritische Prüfung die ursprüngliche Absicht der Gartenschöpfer herausdestillieren lässt. Ein alter Stich etwa, der einen Blick auf ein Bauwerk oder Denkmal eröffnet, das im Laufe der Jahrzehnte und Jahrhunderte zugewuchert ist.

Ludwig Trauzettel, 37 Jahre lang Kellers Vorgänger im Amt des Gartendirektors, schwört auf August Rode. »Lassen Sie sich von ihm durch den Garten führen«, empfiehlt er, »dann verstehen Sie alles viel besser.« Rode, Hofrat unter Fürst Franz und Begleiter auf vielen Reisen des Herrschers, hat ein Büchlein über den Wörlitzer Garten verfasst, das gleichsam Regieanweisungen für die nachfolgenden Gärtner-Generationen enthält: »Gleich beim Eintritte in den Garten, dessen Hauptcharakter Heiterkeit und Anmuth ist«, heißt es, »wenden wir uns rechts in den Weg, der sich durch die Pflanzung schlängelt um in dessen Mitte des vollen Anblicks des Schlosses zu genießen. Bunte und weiße Pfaue beleben diesen Platz.«

Das fein gesponnene Netz aus Blickperspektiven – über 400 solcher Sichtachsen gibt es allein im Wörlitzer Park – ist die Essenz der Gärten. Die Schöpfer des Gartenreichs haben nichts dem Zufall überlassen. Beim Flanieren füllt sich ein anfangs leerer oder nur mit Baumgrün gefüllter Bilderrahmen und gibt den Blick frei – auf ein Gebäude, eine Skulptur, eine Brücke, eine Auenwiese mit mächtigen Eichen. Ein Spaziergang durch die Anlagen ist behutsam gelenktes Schaffen von Bildern. Eine der berühmtesten Sichtachsen ist der Toleranzblick: Von der Goldenen Urne, dem Grabmal der tot geborenen ersten Tochter des Fürstenpaares, eröffnet sich durchs Grün der Bäume der Blick über den Wörlitzer See, links auf die jüdische Synagoge, errichtet unter dem religionstoleranten Fürsten Franz, und rechts zur evangelischen St.-Petri-Kirche.

Der Wörlitzer Floratempel wiederum, der Blumengöttin Flora aus der römischen Mythologie gewidmet, ist der Kulminationspunkt des erotischen Gartenprogramms. Trauzettel zeigt auf ein lang gestrecktes, mit roten Sommerblumen bepflanztes Beet vor dem Tempel. »Der Phallus des Fruchtbarkeitsgottes Priapus, dessen Glied bis auf den Boden gereicht haben soll, wurde als Blumenbeet hier auf den Boden gemalt«, erklärt er. »Und – wohin zeigt er? Aufs Gotische Haus. Dort wohnte Fürst Franz mit der Tochter des Hofgärtners, mit der er eine Nebenehe führte und drei Kinder hatte.«

Als Trauzettel 1979 nach Wörlitz kam, »war vieles zugepflanzt mit Gehölzen, die nicht zum historischen Bestand gehören«. Selbst wichtige Sichtachsen waren verstellt. »Wir haben erst mal nur gesägt.« Wenn man so eine Sichtachse wieder öffnet, erklärt der Alt-Gartendirektor, »muss man die Pflanzen anschließend über Jahre erziehen und immer wieder nachschneiden, damit sie das Bild richtig einrahmen«. Mehrmals pro Woche ist er einige Stunden in den Gärten unterwegs. An diesem regnerisch-trüben Herbsttag schafft er allerdings

1 Der als Musikpavillon errichtete Floratempel entstand wie das Schloss Wörlitz nach Plänen des Architekten Friedrich Wilhelm von Erdmannsdorff, ein enger Freund von Fürst Franz **2** Blumen spielen im Wörlitzer Park eher eine Nebenrolle – an Blüten mangelt es dennoch nicht **3** Das Schloss Mosigkau ist der Rokoko-Höhepunkt des Gartenreichs **4** Entspannte Tour: Durch den Wolfskanal des Wörlitzer Parks gleiten auch Gondeln

DAS GOTISCHE HAUS zeigt einen neuartigen Architekturstil, den Fürst Franz auf seinen Bildungsreisen kennenlernte: die Neugotik. Erbauen ließ er es ab 1773 als Wohnung für den Hofgärtner Johann Leopold Ludwig Schoch, doch mit der Zeit wurde es immer mehr ein Rückzugsort für den Fürsten selbst

nur eine kleine Runde. Die Covid-Impfung tags zuvor hat ihm leichtes Fieber eingebracht, auch die Sprache schleift etwas. Die Zigarillos, die er fast pausenlos raucht, helfen nicht wirklich.

Die kunstvoll inszenierten Blickfolgen und feinsinnigen Anspielungen sind »Tiefenschärfungen, die sich nicht jedem Besucher sofort erschließen«, sagt Michael Keller. Ganz bestimmt nicht jenen, die mit dem Fahrrad durch den Garten preschen, obwohl es verboten ist, mit ihrem Hund Apportierspiele vollführen oder die Anlagen als Picknick- oder Freiluftsportstätte nutzen. Die Mehrzahl der Besucher, schreibt der französische Schriftsteller Érik Orsenna, spaziere durch das Gartenreich wie durch ein »amputiertes Kunstwerk«.

Beim Auffinden zugewucherter Sichtachsen ist Trauzettel gnadenlos. Hier verstellt ein Eichenast den Blick auf einen Tempel, dort ist eine Sicht auf das Schloss versperrt. »An manchen Stellen sieht man, dass der Herr Keller so selten hier ist«, grummelt er. »Wenn er da jetzt nicht rangeht, ist die Durchsicht im nächsten Jahr ganz weg.« Keller nimmt die Vorlage auf: »Mensch, ja, der Wedel muss auf jeden Fall weg.« Er lächelt. »Das sind so Spezialpunkte, da weiß ich schon, wenn jetzt der Herr Trauzettel daherkommt…« Es ist ein nie endender Wettlauf mit der Vegetation – und nicht immer gewinnt Kellers Team. Es gebe »gezwungenermaßen eine Hierarchie in den Sichten«, sagt er. Sämtliche Sichtachsen freizuhalten, sei mit rund 40 Gärtnerinnen und Gärtnern nicht zu schaffen. »Also konzentrieren wir uns schweren Herzens zuerst auf jene, die man unbedingt braucht, um den Garten zu verstehen.«

Es ist erstaunlich, wie schnell sich eine gestresste Vegetation erholen kann – beispielsweise vom Umweltfrevel aus DDR-Zeiten. Das ökologische

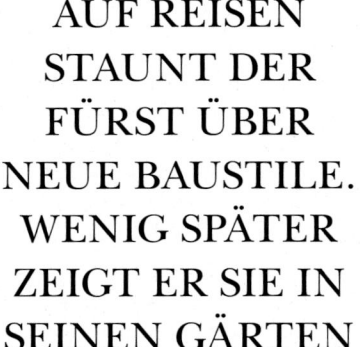

AUF REISEN STAUNT DER FÜRST ÜBER NEUE BAUSTILE. WENIG SPÄTER ZEIGT ER SIE IN SEINEN GÄRTEN

Katastrophengebiet Bitterfeld-Wolfen mit seiner berüchtigten Chemieküche lag nur 30 Kilometer von Wörlitz entfernt, die Schlote des Braunkohlekraftwerks Vockerode waren in Sichtweite. Offenbar hat das Schadstoff-Dauerbombardement keine langfristigen Schäden angerichtet. Allerdings ist der Schlamm, den sie aus dem Wörlitzer See und den Kanälen baggern, immer noch stark kontaminiert, vor allem mit Schwermetallen. Der Aushub muss als Sondermüll entsorgt werden.

Keller und Trauzettel stehen auf der Deichkrone, in der Ferne mäandert träge die Elbe. In den vergangenen 20 Jahren wurde der Park zweimal von Hochwasserfluten bedroht, 2002 und 2013. »Der Elbdeich war das Ufer eines Meeres, das von Dresden bis nach Hamburg reichte«, erinnert sich Trauzettel. Bei der Flut von 2002 befürchtete er das Schlimmste. Der Wörlitzer Park sei »von einer mit Öl vermischten Fäkalienbrühe überschwemmt«, sagte er damals und befürchtete, das ökologische Gleichgewicht werde kippen. Es ist dann nicht so schlimm gekommen, zum Glück. Die Wörlitzer Deiche haben gehalten, das Hochwasser hat hier keine dauerhaften Narben hinterlassen. »Beim Klimawandel wird uns das wohl nicht gelingen«, prognostiziert Michael Keller. Der berge ein ganz anderes Bedrohungspotenzial als eine Überschwemmung. »Aber wir haben die Verpflichtung, dieses Erbe zu erhalten, mit allen Möglichkeiten, die sich uns bieten«, schließt der Gartendirektor. »Aufgeben ist keine Option.« ■

Andreas Molitor *erfreute sich an den kleinen Wort-Scharmützeln zwischen Gartendirektor Michael Keller und seinem langjährigen Vorgänger Ludwig Trauzettel.*

Flanieren, staunen und lernen

Im Gartenreich Dessau-Wörlitz können sich Gäste seit rund 250 Jahren mit Architektur und Kunst beschäftigen – oder auch einfach in der Natur entspannen

SCHLOSS WÖRLITZ

Als Schloss Wörlitz 1773 fertiggestellt wird, ist das Gebäude eine Sensation: Nichts erinnert hier mehr an das Schwelgerische des Barocks. Mit seiner schlichten Fassade und den vier korinthischen Säulen wirkt der Bau eher wie ein Palast der Antike, den man mit einem Schuss von englischem Landhaus vermischt hat. Das Schloss, entworfen vom Architekten Friedrich Wilhelm von Erdmannsdorff (1736-1800), ist Deutschlands erster klassizistischer Bau. Seine klaren Formen setzen sich im Innern fort: Um einen Lichthof gruppieren sich die Vorhalle, zwei Säle und zehn Räume, Decken und Kuppel sind mit Stuck verziert, die Wände fein bemalt. Zu sehen sind Gemälde italienischer und niederländischer Künstler, englische Keramiken und Möbel vom Ende des 18. Jahrhunderts.

GOTISCHES HAUS

Viele Häuser glänzen mit einer Fassade, das Gotische Haus in Wörlitz hat gleich zwei, dazu verblüffend schöne: Von vorn sieht es wie eine venezianische Kirche aus, auf der Gartenseite zeigt es sich im Stil der Neugotik Englands. Neben Waffen, Münzen und historischen Möbeln sind hier Altdeutsche Gemälde zu sehen.

SCHLOSS ORANIENBAUM

Henriette Catharina (1637-1708) gab der weitläufigen Sommerresidenz den Namen ihrer Familie (Oranien-Nassau) und brachte die Pracht niederländischer Baukunst nach Sachsen-Anhalt – zu

bewundern in der Porzellangalerie mit ihren Ledertapeten oder im Sommerspeisesaal mit den historischen Fliesen. In den 1780er Jahren drang dann ein neuer Stil ins Schloss: Zahlreiche Räume wurden nach chinesischem Vorbild gestaltet. Und ab 1812 wurde hier eine der längsten Orangerien Europas errichtet.

SCHLOSS LUISIUM

Welch kleine Schönheit! Das Landhaus wirkt wie ein klassizistischer Idealbau: ein schlichter, anmutiger Kubus, eingerahmt von hohen Bäumen. Die Malereien der Räume erinnern an die Wandverzierungen im untergegangenen Pompeji. Umgeben ist das Gebäude von einem 14 Hektar großen Garten, mit Brunnen, Grotte und dem »Schlangenhaus«, einem ehemaligen Teehaus, in dem die Kulturstiftung Dessau-Wörlitz – wie auch in weiteren Gebäuden des Gartenreichs – eine Ferienwohnung vermietet.

SYNAGOGE

Der Rundbau mit den umlaufenden Fenstern wurde 1789/90 als Gotteshaus für die jüdische Gemeinde aus Wörlitz und Umgebung erbaut. Im Unterbau liegt die Mikwe, das Ritualbad. Dass das Gebäude heute noch existiert, ist dem damaligen Gartendirektor Hans Hallervorden, Großvater des Schauspielers Dieter Hallervorden, zu verdanken. Er verhinderte im November 1938, dass die Nationalsozialisten die Synagoge niederbrennen.

Weitere Informationen zu Gebäuden, Gärten und Geschichte auf gartenreich.de

Baden im Fischteich

Ein kleines Freibad, das wie ein berühmtes Schloss und dessen hinreißender Garten heißt, muss ganz klar auf die Besuchsliste! Das »Naturbad Mosigkau« liegt im Westen von Dessau und war einst ein Fischteich der Dessauer Fürsten. Heute ist das von einem Verein geführte Bad mit Sandstrand und Liegewiese ein Familienmagnet – ideal für etwas Abkühlung im Sommer!

Prödelweg 1a

Gondeln im Kanal

Wer das Gartenreich vom Wasser aus erleben möchte, steigt am besten in eine der Gondeln, die über den Wörlitzer See gleiten. Etwa eine Dreiviertelstunde dauert die Rundfahrt, Start ist in der Nähe des Wörlitzer Schlosses. Mit etwas Glück kann man danach einem Konzert an den Ufern der Kanäle lauschen.

Wildwuchs im Park

Nicht weit vom berühmten Wörlitzer Park entfernt liegt der üppige Garten von Ute Spieß. Ihr Leitsatz: »Wer anderen eine Blume sät, blüht selber auf.« In diesem Sinne kreiert sie Kränze, Sträuße und Gestecke – fast alles aus eigenem Anbau und alles in liebevoller Handarbeit.

Angergasse 106, ute-wildwuchs.de

FOTOS: GERHARD WESTRICH (3), PETER HIRTH

1 Vor dem Schloss Oranienbaum herrscht barocke Symmetrie **2** Fürstliche Sammlung: Gemälde mit antiken Motiven im Schloss Wörlitz **3** Venus mit Synagoge: Kultur-Potpourri im Wörlitzer Park **4** Gondelfahrt mit Blick aufs Gotische Haus

Der aufgeklärte Regent und sein kunstvolles Reich

1765 bricht Leopold III. Friedrich Franz von Anhalt-Dessau zu einer Bildungsreise auf: Seine »Grand Tour« führt ihn nach Italien und Frankreich und – zum zweiten Mal – nach England. An seiner Seite: der geniale Architekt Friedrich Wilhelm von Erdmannsdorff. Beide kehren mit einem kühnen Plan nach Dessau zurück: Im Fürstentum (ab 1807 Herzogtum) wollen sie einen gigantischen Landschaftspark aus Gärten, Denkmälern und Schlössern erschaffen. Fürst Franz, wie er auch genannt wird, ist ein Freund der Aufklärung: »Nützlich zu sein und Gutes zu stiften«, sagt er, »sind in meinen Augen unsere Schuldigkeit und die angenehmste Beschäftigung unseres Lebens.« So entsteht bereits ab 1765 im Laufe von mehr als vierzig Jahren der wohl erste Landschaftsgarten englischen Stils auf dem Kontinent. Ein kunstvoll gestalteter Park, rund 140 Quadratkilometer groß, durchzogen von Kanälen und Seen, Wiesen und Wäldern und raffinierten Gärten. Und immer wieder erheben sich aus diesem grünen Wunderland pittoreske Skulpturen, Irrgärten, Brücken, Orangerien und Schlösser. Wie das hübsch erhaltene Rokoko-Schloss Mosigkau mit seiner sensationellen Gemäldesammlung von Rubens, Goltzius und Brueghel d. Ä. Oder die Insel Stein ganz im Osten im Wörlitzer See: Hier schiebt sich fast 20 Meter ein Berg aus Findlingen, Basalt und Schlackensteinen in die Höhe, der »Vesuv von Wörlitz«, ein künstlicher Vulkan, der schon vor rund 230 Jahren dank Pyrotechnik Feuer spie. Oder der griechisch anmutende Floratempel nahe des Gotischen Hauses mit seinem phallusartig angelegten Blumenbeet – die aufklärerische Haltung des absolutistischen Herrschers von Anhalt-Dessau verbirgt sich in jedem Detail. Mit seinem Park erschafft Fürst Franz vor rund 250 Jahren einen Traum aus Natur und Architektur: Gärten und Schlösser, die alsbald auch Künstler und Dichter anziehen. Selbst Johann Wolfgang von Goethe durchstreift siebenmal die »Seen, Canäle und Wäldgen«, um schließlich begeistert zu rufen: »Hier ists jetzt unendlich schön.«

gartenreich.de

Wo Luther weiterlebt

TEXT **FRANZ LENZE**

NIEMAND HAT DIE GESCHICHTE
DER KIRCHE SO SEHR
VERÄNDERT WIE MARTIN LUTHER.
16 GESCHICHTEN ERZÄHLEN
VOM LEBEN DES REFORMATORS, VON
SEINEM STREITEN UND
DEN ORTEN, AN DENEN ER GEWIRKT
HAT – HEUTE BERÜHMT ALS
LUTHERGEDENKSTÄTTEN

1 **Martin Luder.** Auf diesen Namen wird der Sohn der Familie Luder am 11. November 1483, einen Tag nach seiner Geburt, in der St.-Petri-Pauli-Kirche in Eisleben getauft. Vater Hans ist zunächst Bauer, dann wohlhabender Grubenbesitzer, Mutter Margarethe hütet im Hause die Kinder: Martin, seine Schwestern und den jüngeren Bruder Jacob. Die Eltern sind mäßig fromm, aber streng. Als Martin eine Nuss klaut, soll ihn die Mutter geschlagen haben, bis die Haut in Fetzen hing. Später ändert er seinen Namen in Luther, vielleicht weil Luder zu sehr nach »lotterhaft« klingt.

Lutherhaus

2 **Rund 35 Jahre lang lebt Martin Luther** im ehemaligen Augustinerkloster in Wittenberg. Von 1508 an wohnt er zeitweise hier als Mönch, später dann zieht er mit seiner Familie ein – mit den sechs Kindern und seiner Frau Katharina von Bora. Die ehemalige Nonne nennt er liebevoll »Herr Käthe«, weil sie im Haushalt das Sagen hat. In der berühmten »Lutherstube« des Hauses, das heute zum Welterbe gehört, treffen sich Luthers Studenten und Weggefährten. Dort, an dem kastenartigen Tisch, der noch vor der originalen Wandvertäfelung und der Sitzbank steht, hält er fesselnde Reden und führt stürmische Debatten über Gottes Wirken, den Sinn der Kindertaufe oder darüber, dass Geiz den Glauben vernichte. Das Lutherhaus beherbergt das weltweit größte Museum zur Reformationsgeschichte. Auf rund 1800 Quadratmetern zeigt die Dauerausstellung »Martin Luther. Leben – Werk – Wirkung« rund 1000 Exponate – wie seine Mönchskutte, die Predigtkanzel, die Zehn-Gebote-Tafel von Lucas Cranach d. Ä. und Luthers Bibel.

Wittenberg, Collegienstr. 54, martinluther.de

3 Ein rotes Herz mit schwarzem Kreuz gebettet auf eine weiße Rose vor himmelblauem Grund: Die **Lutherrose** nutzt der Reformator als Siegel für Briefe und Schriften. Das Rot des Herzens spiegelt den Trost des Glaubens, das Weiß der Rose wählt er, weil es die Farbe der Engel ist.

FOTOS: STIFTUNG LUTHERGEDENKSTÄTTEN IN SACHSEN-ANHALT (2), PETER HIRTH, TOM SCHULZE@ASISI/VG BILD-KUNST, BONN 2022, ILLUSTRATION: PIXALINE/PIXABAY

»Wenn das Geld im Kasten klingt, die Seele aus dem Fegefeuer springt.« Die Priester versprachen dem Kirchenvolk, es könnte den Qualen nach dem Tod entkommen, wenn sie nur dafür bezahlten. Gegen diesen Ablasshandel richtet sich Luthers Zorn. Seine Kritik mündet in 95 Thesen, die er als Diskussionsbasis versteht. Es kommt anders: Ihm wird der Prozess wegen Ketzerei gemacht. Er findet Zuflucht auf der Wartburg bei Eisenach und beginnt mit der Übersetzung des Neuen Testaments.

4

5

EIN BLITZ SOLL IM JULI 1505 LUTHER SOLCH EINE TODESANGST EINGEJAGT HABEN, DASS ER »HILF DU, HEILIGE ANNA, ICH WILL EIN MÖNCH WERDEN!« IN DEN TOSENDEN HIMMEL RUFT. ZWEI WOCHEN SPÄTER TRITT ER INS AUGUSTINERKLOSTER VON ERFURT EIN.

6 Wie sah die Welt von Martin Luther aus? Das Wittenberg zur Zeit der Reformation zeigt der Künstler Yadegar Asisi – ganz in der Nähe zum Lutherhaus – mit seinem 360-Grad-Panorama: Das Bilderrund misst rund 1000 Quadratmeter, ist 15 Meter hoch und 75 Meter lang. Ein gigantisches Wimmelbild, in dem sich Betrachter in einer Kulisse aus Fachwerkhäusern und krummen Gassen verlieren können. 25 kostümierte Schauspieler bringen Leben in die detailgetreue Szenerie und zeigen historischen Alltag – zwischen feudalem Prunk und den Mühen einfacher Bürger.
Wittenberg, Lutherstr. 42, wittenberg360.de

7

Gerade einmal wenige Monate seines jungen Lebens verbringt Martin Luther in Eisleben, bevor es die Familie ins rund 15 Kilometer entfernte Mansfeld zieht. Das schmale Haus wird schon kurz nach dem Tod des Reformators zum Pilgerort – und ist es bis heute. Sein **Geburtshaus in Eisleben,** von der UNESCO mit dem Welterbe-Pradikät geehrt, lässt seit 2007 in einer Dauerausstellung Luthers Kindheit aufleben und zeigt in 13 Räumen insgesamt rund 250 Exponate: Gemälde, einen Taufstein und einen in Silber gefassten Schwan, das Symboltier Martin Luthers. Eisleben, Lutherstr. 15, martinluther.de

8

Gott, wenn Martin Luther das wüsste: Er, der Kirchen-Erneuerer, als **Playmobil-Figur!** Die Sonderedition erschien 2017 zur 500. Jahresfeier der Reformation. Dazu gesellten sich die Luther-Badeente, Luther-Tassen, Luther-Spiele – sogar eine Luther-Backmischung für Schoko-Kirsch-Kuchen. Luther wär's wohl eher ein Graus: Er hasste den Personenkult.

9

Lange Zeit glaubte man, Martin Luther sei tatsächlich in diesem Haus am Andreaskirchplatz verstorben. Bis Forscher dahinter kamen: Der Reformator starb am 18. Februar 1546 zwar in der gleichen Stadt, aber nicht in dem Haus. Das, was heute als sein Sterbehaus gilt, ist seit der zweiten Hälfte des 19. Jahrhunderts ein Museum. Im Zentrum: der Schrein mit dem »Bahrtuch«, das Luthers Sarg bedeckte. Sein Sterbebett existiert nicht mehr: Verehrer hatten immer wieder kleine Stückchen vom Holz abgebrochen – angeblich, weil sie gegen Zahnschmerzen helfen.
Eisleben, Andreaskirchplatz 7, martinluther.de

Schlosskirche

10 Hat Martin Luther die 95 Thesen nun eigenhändig an die Tür der Wittenberger Schlosskirche genagelt oder nicht? Man weiß es nicht. Und letztlich spielt es auch keine große Rolle: Fakt ist, dass er seine Thesen am 31. Oktober 1517 an den Magdeburger Erzbischof Albrecht sandte – eine explosive Botschaft, die letztlich die Kirche des Abendlandes spaltet. Heute zieren Luthers 95 Streitsätze die Bronzepforte der Schlosskirche, die seit 1996 zum Weltkulturerbe zählt. Die Kirche selbst entsteht ab 1496 auf den Grundsteinen des alten Wittenberger Schlosses. Rund dreißig Jahre später werden hier bereits evangelische Gottesdienste gehalten. Der berühmteste Theologe Wittenbergs findet hier auch seine letzte Ruhestätte: Vier Tage nach seinem Tod wird Martin Luther am 22. Februar 1546 vor der Kanzel der Schlosskirche beigesetzt. Tragischerweise wird die Kirche 1814, als Wittenberg während der Befreiungskriege gestürmt wird, schwer beschädigt. Zum 400. Geburtstag Luthers wird sie 1883 im Stil der Neugotik umgebaut: Seitdem erhebt sich der 88 Meter hohe Kirchturm weithin sichtbar über die Stadt – daran in rund einen Meter hohen Buchstaben der berühmte Spruch: »Ein feste Burg ist unser Gott, ein gute Wehr und Waffen.«

Wittenberg, Schlossplatz 1, schlosskirche-wittenberg.de

11 »Wer kein Bier hat, hat nichts zu trinken«, soll Luther – mit Fug und Recht – gerufen haben, weswegen das Getränk bei ihm im Hause selbst gebraut wurde. Der Krug aus gedrechseltem Wurzelholz und Silber ist im Lutherhaus ausgestellt.

Wittenberg, Collegienstr. 54, martinluther.de

»LUTHER WUSSTE, WITTENBERG VERDANKT IHM SEHR VIEL«

Stefan Rhein, *Jahrgang 1958, ist seit 1998 Direktor der Stiftung Luthergedenkstätten in Sachsen-Anhalt und leitete das Melanchthonhaus im baden-württembergischen Bretten.*
Er ist leidenschaftlicher Bewunderer von Luthers Weggefährten Philipp Melanchthon, über dessen griechische Gedichte er seine Doktorarbeit verfasste.

MERIAN: Herr Rhein, wie ist es, als Katholik an der Geburtsstätte des Protestantismus zu wirken, zumal als Direktor der Stiftung Luthergedenkstätten?
STEFAN RHEIN: Spannend. Zum einen bin ich ja ökumenischer Christ, zum anderen sehe ich das so: Wenn man, wie ich, im Katholizismus sozialisiert wurde, ist die Neugier aufs Protestantische groß. Da ich nicht mit Luther aufwuchs, entdeckte ich ihn immer wieder neu.
Immer noch? Obwohl Sie schon 24 Jahre in Wittenberg arbeiten?
Ich habe eine frische Begeisterung für die Reformation. Im Moment feiern wir 500 Jahre Lutherbibel, eine wichtige Etappe deutscher Sprachgeschichte. Nur ging es Luther dabei ja nicht allein um die Sprache. Ihm ging es um die Mündigkeit des eigenen Sprechens. Jeder soll Zugang zu den Texten, zur Wahrheit haben, nicht nur die Theologen mit ihrem Latein. Um mit Luther zu reden: Was heißt das denn, dem Volk aufs Maul schauen? Das heißt, jeder darf sprechen. Da geht es um die Frage des aufrechten Gangs durch eigene Sprachkompetenz. Dieses epochale Ereignis des Bibeldrucks lässt sich ja heute attraktiv vermitteln. Unser neuer Ansatz: »Tat(w)ort 1522 – Das Escapespiel zur Lutherbibel«. Sie dürfen gespannt sein.
Sie sind damals, 1998, als Sie auf den Posten des Direktors berufen wurden, sogleich nach Wittenberg gezogen ...

Die Residenzpflicht steht sogar in meinem Vertrag. Aber für mich und meine Familie war es immer ein Residenzwollen. Wittenberg hat sich in den vergangenen Jahren verwandelt, gerade auch durch das Reformationsjubiläum 2017. Passenderweise läuft gerade die Imagekampagne der Stadt »Schön wie nie«. Da ist viel dran. Ich wohne gerne hier.
Luther mochte Wittenberg eher nicht. Woran hat's gelegen?
Für Luther bedeutete Heimat immer Kindheit. Er liebte Eisleben, seinen Geburtsort, und das Mansfelder Land, die Region seiner Jugend. Er schätzte auch Erfurt, wo er als Mönch im Augustinerkloster lebte, weil die Stadt aufregend war. Erfurt hatte damals 13 000 Einwohner, 25 Kirchen und 15 Klöster. Dann kam er 1508 nach Wittenberg: 370 Häuser, zwei Kirchen, insgesamt ein Nest von 2000 Leuten. Luther war ziemlich direkt: Der Markt sei Dreck, die Stadt eine Schindleich, ringsum nichts als Walachei. Und er hat sich, typisch Luther, über die Wittenberger beschwert. Hat sie vor allem als undankbar kritisiert.
Das klingt nicht sehr nett ...
Luthers Standpunkt war: Ich tue so viel für euch, ihr profitiert von meinem Engagement, meiner Berühmtheit, da könnt ihr auch etwas für mich tun. Seinen Wein zum Beispiel hat er nie bezahlt. In den Archiven findet man fast verzweifelte Einträge des Ratsschreibers: Hat nicht

wollen zahlen. Wittenberg, das wusste Luther, verdankte ihm viel. Allein die Buchdruckerei war im 16. Jahrhundert eines der blühendsten Gewerbe, denn die Wittenberger hatten das Monopol auf den Bibeldruck und Luthers Schriften. Daran haben sie gut verdient. Auch die vielen Studenten, die wegen Luther und anderer Reformatoren anreisten, waren ein wichtiger Wirtschaftsfaktor. Luther war schon immer ein Investitionsmotor.

Er ist es bis heute. Seit 1996 gehören sechs Luthergedenkstätten zum Welterbe der UNESCO. In Wittenberg das Luther- und das Melanchthonhaus, die Stadtkirche St. Marien und die Schlosskirche, an der er 1517 seine 95 Thesen veröffentlichte, in Eisleben Geburts- und Sterbehaus. Was macht die Orte so besonders?

Sie erlauben einen Blick in die deutsche Geschichte, in die Geschichte der Reformation. Überall, wo wir hier hinblicken, sehen wir das Wirken Luthers und seiner Mitstreiter für die Erneuerung der Kirche und der Gesellschaft. Diese Orte sind Ausgangspunkt einer Bewegung, die kaum einen Lebensbereich ausgelassen hat. Übrigens nicht nur in Deutschland: Mehr als 400 Millionen Protestanten weltweit zeigen, wie groß die Wirkungen der Reformation sind.

Unter Ihrer Ägide wuchsen die Luthergedenkstätten zu einem einheitlichen Museumsensemble. Sie ließen modernisieren und bauen – werden die Museen Luther gerecht?

Wir sind auf einem guten Weg, machen anregende Ausstellungen, bieten spannende Bildungsprogramme. Luther aber hat selbst einmal gesagt, dass alles erst noch in Gang und noch nicht am Ziel ist. Als ich nach Wittenberg kam, bestand mein Job vor allem darin, die Infrastruktur der Reformation neu zu ertüchtigen. Ich wollte mit den modernen Bauten signalisieren, dass die Reformation nicht vorbei ist. Sie ist im 16. Jahrhundert entstanden, wurde im 19. Jahrhundert historisierend aufbereitet, ihre Botschaft spricht uns aber heute noch an. Dieses Weltereignis ist kein abgeschlossenes historisches Ereignis, das man möglichst

in einer alten Formensprache abhandelt – mit ein bisschen Restauration. Ich finde, die Aktualität der Reformation sollte sich auch unbedingt in einem zeitgemäßen Bauen widerspiegeln.

Haben Sie ein Beispiel?

Sehen Sie sich das neue Museum neben dem Melanchthonhaus in Wittenberg an. Ein moderner Bau mit einer schönen Backsteinfassade, der das Denkmalgebäude erschließt, ohne es zu erdrücken.

Was sind die Herausforderungen?

Wir haben es hier mit Bauten zu tun, die seit rund 25 Jahren unter UNESCO-Schutz stehen. In die kann man nicht einfach so Aufzüge, Kassen, Toiletten und einen Museumsshop einbauen. Den Ansatz, sie bewusst in benachbarten neuen Häusern unterzubringen, um die historische Substanz zu schonen, nenne ich Denkmalschutz durch Addition. Dadurch gelingt beides: die Funktionalität des Museums und der Erhalt des Denkmals. Ein Miteinander von Alt und Neu.

Gibt es einen Ort in den Gedenkstätten, den Sie am meisten genießen? Einen Platz, den Sie immer wieder aufsuchen?

Die Erstausgabe der Bibel, die hier im Lutherhaus ausgestellt ist. Oder der Cranach-Altar in der Stadtkirche. Meine

Lieblingsorte finde ich dort, wo ich die Vitalität der Reformation spüre. Und dieses Gefühl entdecke ich besonders an einem Ort: in der Lutherstube …

Haben Sie als Chef eigentlich das Privileg, sich mal an Luthers Tisch zu setzen?

Also, wenn Sie mich nicht verraten, aber Sie verraten mich natürlich – ich habe das schon ein-, zweimal gemacht …

Und? Wie fühlt sich das an?

Fantastisch. Ich höre da Luther und seine Gäste, ihre Gespräche über Gott und die Welt. Auf der Bank die Studenten, die alles mitschreiben, die einzige Frau, die reindarf, ist Katharina, um Bier einzuschenken, und die leicht genervt ist, weil jedes Wort ihres Mannes aufgezeichnet wird. Bei den Gesprächen geht es um komplexe Themen des Glaubens, aber auch um den neuesten Tratsch. Wir sind schließlich im kleinen Wittenberg.

Glauben Sie, Luther würde heute noch so viel bewegen wie vor 500 Jahren?

Luther hat die Menschen stets dort abgeholt, wo sie standen, mit seiner kraftvollen Sprache, mit seiner Theologie, die Seelsorge ist und nicht abstrakte Wissenschaft. Das gelang ihm damals, und ich bin überzeugt, dass ihm das auch heute gelingen würde.

13

»HIER STEHE ICH UND KANN NICHT ANDERS.« DIESEN SATZ HAT LUTHER AUF DEM REICHSTAG ZU WORMS 1521 ZWAR NIEMALS GESAGT – ES WURDE TROTZDEM SEIN BERÜHMTESTER SPRUCH.

FOTOS: STIFTUNG LUTHERGEDENKSTÄTTEN IN SACHSEN-ANHALT (7), JMP-BILDAGENTUR/J.M. PIETSCH, SPRÖDA, MIT FREUNDLICHER GENEHMIGUNG DER STADTKIRCHENGEMEINDE WITTENBERG

14

Eigentlich heißt Luthers Freund und Mitstreiter Philipp Schwarzerdt. Doch seit der Gelehrte Johannes Reuchlin seinen Nachnamen ehrenhalber ins Griechische übersetzt hat, nennt er sich Melanchthon. Ab 1518 lehrt er als Professor in Wittenberg. Sein Wohnhaus mit dem aus acht Bögen bestehenden Giebel, seit 1996 Weltkulturerbe, schenkt ihm Kurfürst Johann Friedrich der Großmütige, um ihn in Wittenberg zu halten. Und er tut gut daran: Melanchthon, der vehement Luthers Lehre verbreitet, revolutioniert das Bildungswesen seiner Zeit – er hilft bei der Gründung von Schulen und bei der Reformierung von Universitäten. Seitdem lautet sein Beiname: Lehrer der Deutschen. In einem Neubau neben seinem Haus lädt heute eine Ausstellung mit Grafiken, Gemälden und Handschriften zum Leben und Wirken Melanchthons ein.

Wittenberg, Collegienstr. 60, martinluther.de

15

»Weil mein Gewissen in den göttlichen Schriften, die ich in meinen Büchlein angeführt habe, eingeschlossen ist, kann ich auf keine Weise ohne eine bessere Belehrung widerrufen«, schreibt Luther in seinem Brief vom 28. April 1521 an Kaiser Karl V. Sein Verteidigungsschreiben – heute UNESCO-Weltdokumentenerbe – wurde 1911 in einem **Leipziger Antiquariat** entdeckt und für sagenhafte 102 000 Goldmark verkauft.

Wittenberg, Lutherhaus, Collegienstr. 54, martinluther.de

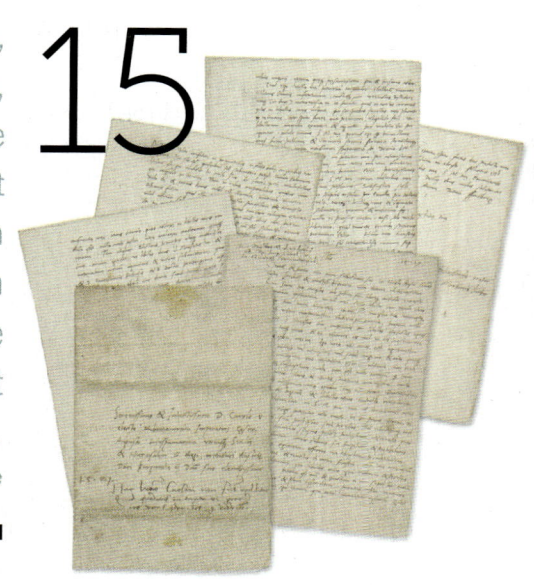

16

Lucas Cranach d. Ä. schuf mit seinem Sohn 1547 den farbprächtigen Altar. Neben den biblischen Szenen ist der Held der Reformation verewigt: Martin Luther beim letzten Abendmahl an der Seite von Jesus. Die Botschaft des Künstlers: Jesus ist ein Menschensohn, wie Luther, wie wir alle. Der »Reformationsaltar« ist noch heute in der Wittenberger Welterbe-Kirche St. Marien zu bewundern. Hier hielt Martin Luther rund 2000 Predigten, hier wurde zum ersten Mal der Gottesdienst in deutscher Sprache gefeiert, hier empfing die Gemeinde erstmals Brot und Wein beim Abendmahl. Die Stadtkirche gilt zu Recht als »Mutterkirche der Reformation«. lutherstadt-wittenberg.de

TEXT **HANS ZIPPERT** FOTOS **LUKAS SPÖRL**

DIE SCHEIBE VON WELT

Noch längst sind nicht alle Geheimnisse der Himmelsscheibe von Nebra gelüftet. Fest steht aber, dass MERIAN-Autor Hans Zippert ihr verfallen ist. Ginge es nach ihm, hätte jeder in seiner Wohnung eine Kopie von der kunstvollen Darstellung des Kosmos

Honigfarben leuchtet die Arche Nebra unterm Sternenhimmel: Dort, wo man die Bronzescheibe fand, erhebt sich heute ein kühnes Ausstellungszentrum

Eindrucksvoll spiegelt sich die Landschaft des Unstrut-Tals im Panorama-fenster der Arche Nebra (oben). Innen dreht sich alles um die Geschichte der Himmelsscheibe: Riesige Skulpturen formen ihre Hauptelemente nach – Sonne, Mond und die Plejaden. Und zeigen, dass sich hinter der flachen Scheibe ein komplexes Universum verbirgt

Im Laufe der Zeit ist die Himmelsscheibe immer wieder verändert worden. Zunächst zeigte die Scheibe einen Nachthimmel mit 32 Sternen, einen Voll- und einen Sichelmond (1). Später verdecken die Horizontbögen zwei Sterne, ein anderer wird ersetzt, damit er weiterhin zu sehen ist (2)

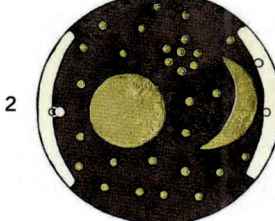

I

Ich bin von der Himmelsscheibe besessen und kann nicht verstehen, wieso es nicht jedem so geht. Es schockiert mich geradezu, wenn ich auf Menschen treffe, die überhaupt nichts mit dem Begriff anzufangen wissen. Himmelsscheibe von Nebra, das ist das deutsche Stonehenge, das könnten langsam mal alle begriffen haben. Jeder Bewohner dieses Landes sollte eine Kopie der Scheibe in seiner Wohnung aufbewahren. Ich habe die Scheibe regelrecht gestalkt, allerdings wollte sie es auch nicht anders, denn sie hat sich überall zur Schau gestellt. In Mannheim, in Kopenhagen, in Berlin, in Wien, in Basel und natürlich in Halle. Meistens war ich gar nicht wegen der Himmelsscheibe in diese Städte gereist, sondern traf sie zufällig in der Stadt, fast, als wäre sie mir nachgereist. In Kopenhagen wollte ich beispielsweise eigentlich sämtliche Achterbahnen im Tivoli mit meiner Tochter ausprobieren, bin dann aber ganz zum Schluss am Fliegenden Teppich gescheitert.

Die Scheibe sah überall sehr gut aus und egal, wo und wie man sie hingestellt hatte, entfaltete sie auf mich sofort diese magische Ausstrahlung, die sonst nur das Weiße Album der Beatles in Mono oder eine Erstpressung von The Velvet Underground & Nico mit unversehrter Banane auf mich haben. Unzweifelhaft besteht ein Zusammenhang mit meiner Leidenschaft für Schallplatten, möglicherweise habe ich einen Scheibenfetisch, obwohl ich mich nie für Frisbees und nur ganz ausnahmsweise für Mortadella interessiert habe. Sie können mich jederzeit nachts aufwecken, und ich werde fehlerfrei deklamieren: »Die Himmelsscheibe ist die älteste uns bekannte Darstellung des Sternenhimmels.« Besonders begeistert mich, dass es ständig neue Erkenntnisse über die Scheibe gibt. Man weiß, dass sie mehrfach umgestaltet wurde, zwei goldene Horizontbögen und ein Schiff, möglicherweise eine Art Sonnenbarke nach ägyptischem Vorbild, wurden hinzugefügt. Jede Beule, jedes Loch ist von Bedeutung, und inzwischen bin ich überzeugt, dass auf der Scheibe das gesamte Wissen der Menschheit, auch das zukünftige, gespeichert ist. Ich und Harald Meller müssen es nur noch entschlüsseln. Im Gegensatz zu mir hat Meller wirklich Ahnung von der Materie, denn er ist der Chefarchäologe und Indiana Jones von Sachsen-Anhalt. Er hat die Scheibe praktisch im Alleingang für mich und die Menschheit gerettet.

So oft ich der Scheibe bisher begegnet bin, war ich jedoch noch nie an ihrem Fundort. Da, wo Henry W. und Mario R. die Scheibe, zwei Schwerter, zwei Beile, einen Meißel und zwei Armspiralen 1999 sehr unfachmännisch ausgegraben und einen Tag später für die lächerliche Summe von 31 000 Deutschen Mark verkauft hatten. Die beiden werden in einschlägigen Berichten als Raubgräber bezeichnet, ein merkwürdiger Begriff, der zwischen Grabräuber und Raubritter changiert. Sie waren mit Metalldetektoren unterwegs und entdeckten rein zufällig den Hort auf dem Mittelberg. Da will ich auch hin, und zwar mit der Unstrutbahn.

Der Zug fährt von Naumburg fast immer an der Unstrut entlang, die sich hier als ein respektabler Fluss präsentiert, gesäumt von Weinbergen, Burgen und Schlössern. Man passiert Freyburg, Laucha und erreicht schließlich Karsdorf, wo während der Arbeiten für die ICE-Neubaustrecke insgesamt 4200 Funde mit 53 Gräbern aus der Zeit von 2800 bis 2100 v. Chr. gemacht wurden. Während der Zug im Bahnhof auf irgendetwas wartet, fragt sich der Reisende, warum die Menschen damals dort siedelten?

Am Fundort der Himmelsscheibe wölbt sich heute eine leicht gekrümmte Edelstahlplatte aus dem Boden – in dem hochglanzpolierten »Himmelsauge« spiegeln sich Wolken, Sonne, Mond und Sterne

Retter der Himmelsscheibe: Harald Meller
jagte den kostbaren Fund zwei Schatzsuchern
ab. Für Sachsen-Anhalts Landesarchäologen
ist es die bedeutendste archäologische
Entdeckung in Deutschland seit 100 Jahren

möglicherweise sogar mit der Herstellung der legendären Scheibe befasst
war. Es gibt im Ort kein Geschäft und kein Café, aber eine »Senioren-
residenz für Filmtiere«. Wie das alles zusammenhängt und ob da bronze-
zeitliche Bezüge sind, müsste vielleicht mal eingehender erforscht werden.

Vom Bahnhof geht man etwa eine Viertelstunde bis zur Arche Nebra,
vor der bei meinem Eintreffen ein Transporter mit holländischem Kennzeichen parkt. Als ich mich nähere, öffnet sich konspirativ die Schiebetür
und gibt den Blick auf vier Männer in orangefarbener Tarnkleidung frei,
sofern so etwas vorstellbar ist. Sie geben sich als Jäger zu erkennen und
wollen wissen, was es mit der Arche auf sich hat. Von der Himmelsscheibe
haben sie gehört, das Gebäude allerdings »steht nit schön hier«, sagen sie.
Wahrscheinlich direkt in der Schusslinie auf kapitales Wild, das reichlich
vorhanden sein soll.

Nebra liegt spektakulär auf einem Bergrücken
und beeindruckt den Reisenden mit einer roman-
tisch verfallenen Burg und dem Geburtshaus der
Liebesroman-Schreiberin Hedwig Courths-Mahler.
Außerdem war in der Mitte des 18. Jahrhunderts ein
gewisser Michael Ranft als Diakon und Vampiris-
musforscher in Nebra tätig. Ihm verdanken wir das
»Tractat von dem Kauen und Schmatzen der Todten
in Gräbern, worin die wahre Beschaffenheit derer
Hungarischen Vampyrs und Blut-Sauger gezeigt
werden«. Die Bewohner dieses Landstrichs schei-
nen für ganz besondere Schwingungen empfänglich,
und man muss auf Wunder aller Art vorbereitet sein.
In Wangen endet die Bahnstrecke direkt neben der
vielleicht noch zwanzig Meter breiten Unstrut.
Schon vom Bahnhof aus sieht man die Arche Nebra,
die eindrucksvoll in das Unstrut-Tal hineinragt und
die Landschaft dominiert. Bei einem kleinen Rundgang durch Wangen stößt man auf die Werkstatt von
Metallbau Sokolowski, an deren Front eine Replik
der Himmelsscheibe angebracht ist. Ich nehme an,
der Chefarchäologe hat bereits recherchiert, ob die
Werkstatt schon vor 3600 Jahren in Betrieb und

Die Arche liegt über drei Kilometer vom eigentlichen Fundort im
Ziegelrodaer Forst entfernt, den man um diese Jahreszeit nur
zu Fuß erreicht, erst wenn es wärmer wird, fährt ein Bus. Die
Stelle ist mit einem Aussichtsturm markiert und befindet sich direkt auf
dem Mittelberg, von dem aus man einen unglaublichen Rundumblick hat,
auf den ich nicht vorbereitet war. Von der Aussichtsplattform sieht man
den Brocken und den Kyffhäuser, zwei ebenfalls sagenhafte Orte. Die
Fundstelle der Scheibe ist heute mit einem Himmelsspiegel bedeckt, der
eine Art direkte Verbindung ins Weltall herstellt, denn es spiegelt sich ja
das Universum darin. Es herrscht eine eigenartige Atmosphäre an diesem
Ort, ich stehe ganz allein auf der Bergkuppe, der Wind verfängt sich
heulend in den Spalten des 30 Meter hohen Aussichtsturms, der um
10 Grad geneigt ist, damit er als Zeiger einer Sonnenuhr dienen kann. Ein
senkrechter Schnitt markiert die Sichtachse zum Brocken. Hier ging die
Sonne zur Sommersonnenwende unter, hier ließ sich die Himmelsscheibe
einnorden und als Sonnenkalender benutzen. So etwas bezeichnet man
heute als Kraftort, weswegen jemand am Fuß der Turmtreppe eine Flasche
Malzbier zerschlagen hat. Als Raubgräber hätte ich auch an dieser Stelle
nach einem Schatz gesucht, und zwar genauso, wie es der Mario R. be-
schrieben hat: »Dann ham wir angefangen zu buddeln mit den Fingern,
und da ham wir schon gesehen, das ist Bronze … und da hab ich 4 Stunden das ausgebuddelt, die Scheibe. Die war nicht tief. Unwahrscheinlich
eigentlich, wie das Ding dahinkommt, muss ich sagen.« Wie und warum
das unwahrscheinliche Ding dorthin gekommen ist, hat auch Harald

FOTO: ANDREA HÖRENTRUP/LANDESAMT FÜR DENKMALPFLEGE UND ARCHÄOLOGIE SACHSEN-ANHALT

30 Meter hoch und um 10 Grad geneigt: Der Aussichtsturm nahe der Fundstelle funktioniert wie der Zeiger einer Sonnenuhr

Ihre Fundorte auf dem Mittelberg kennzeichnen die Archäologen mit Betonscheiben – bei Punkt 77/04 fanden sie zum Beispiel das Stück eines Beils. Auch das 1991 entdeckte Ringheiligtum Pömmelte nahe Magdeburg gehört mit seinen – rekonstruierten – hölzernen Stelen zum Universum der Himmelsscheibe

Vor rund 4000 Jahren fügen die Menschen der Scheibe ein neues Symbol hinzu: Ein Schiff ziert jetzt den unteren Rand, die feinen Fransen könnten Ruder darstellen (1). Später bohrte man der Himmelsscheibe Löcher in ihren Rand, womöglich, um sie auf einer Standarte zu befestigen (2). Mit dem Entfernen des linken Horizontbogens wird die Scheibe den Göttern geopfert und vergraben (3)

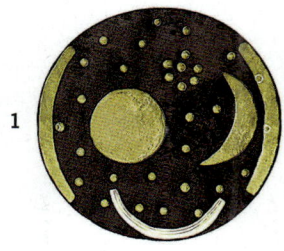

1

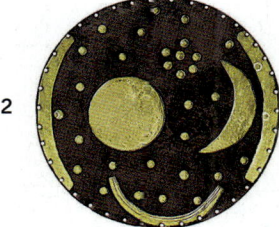

2

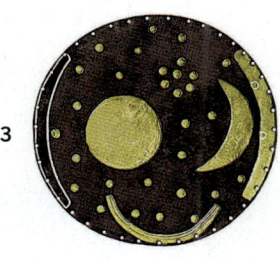

3

FOTOS: PETER HIRTH, GRAFIK: KLAUS POCKRANDT/LANDESAMT FÜR DENKMALPFLEGE UND ARCHÄOLOGIE SACHSEN-ANHALT

Meller noch nicht herausgefunden. Ob die Menschen, die man der Aunjetitzer Kultur (2300-1500 v. Chr.) zurechnet, damals schon daran dachten, der touristisch kaum erschlossenen Region rund um Nebra durch einen spektakulären Fund zu größerer Bekanntheit zu verhelfen, kann nicht vollständig ausgeschlossen werden, denn bei der Himmelsscheibe hängt alles mit allem zusammen. Die dargestellte Himmelskonstellation war eine Art von Herrschaftswissen, sie enthielt Informationen, wann mit der Aussaat und mit der Ernte zu beginnen und wann in den Kalender ein Schaltmonat einzufügen sei, nämlich wenn die Plejaden in einer bestimmten Konstellation über dem Neumond stehen.

Die für die Himmelsscheibe verwendeten Materialien belegen, dass es schon vor 4000 Jahren einen weitreichenden Austausch an Handelsgütern und Wissen gegeben haben muss. Das Gold für Mond und Sterne stammt aus Cornwall, Kupfer und Zinn aus dem Salzkammergut und das Wissen über die Anordnung der Himmelskörper könnte babylonischen Ursprungs sein. Befand sich auf dem Mittelberg sogar ein Observatorium? Mit großer Wahrscheinlichkeit gab es das in Pömmelte, südöstlich von Magdeburg. Die dortige, rekonstruierte Kreisgrabenanlage, die auch als Ringheiligtum bezeichnet wird, ist so groß und in etwa so alt wie Stonehenge, nur aus Holz. Sachsen-Anhalt ist voll von prä- und frühhistorischen Kultstätten, die selbst Harald Meller einige Rätsel aufgeben. Gleich neben Pömmelte wurde das etwas jüngere Ringheiligtum Schönebeck freigelegt, und nordöstlich von Naumburg befindet sich das Sonnenobservatorium von Goseck, das bereits vor 7000 Jahren entstand. Erfüllten diese Anlagen den gleichen Zweck, wie für uns heute die Wetter-App, nur zuverlässiger? Hatten die Menschen damals noch eine direktere und bessere Verbindung zum Himmel?

Etwas Klarheit kann sich der inzwischen schon leicht verstrahlte Besucher in der architektonisch beeindruckenden Arche Nebra verschaffen. Dort wird er, vielleicht eine Idee zu museumspädagogisch, mit viel Technik auf den neuesten Stand der Scheibenforschung gebracht und mit dem Leben in der Bronzezeit vertraut gemacht. Im Planetarium lernt er die astronomischen Grundlagen der Scheibe kennen. Er erfährt auch, welcher Fund zu der Markierung »77/10« gehört, die er eben noch auf dem Mittelberg gesehen hat. Er hört verblüfft, dass die Menschen damals in den gleichen Himmel wie wir schauten. Also könnten wir mit einem Blick ins

Weltall direkt in die Bronzezeit schauen. Eine faszinierende, vielleicht auch etwas beunruhigende Vorstellung. Ist es möglich, dass die Schöpfer der Scheibe in diesem Moment uns dabei zusehen, wie wir versuchen, zu begreifen, was sie wussten? Könnten wir uns mithilfe der Himmelsscheibe vielleicht sogar in der Zeit vor- und zurückbewegen? Wäre gut, wenn ich mal wieder einen Blick auf die Scheibe werfen könnte, aber das ist leider nicht möglich, denn sie wird nicht in der Arche Nebra, sondern seit 2008 im Landesmuseum für Vorgeschichte in Halle aufbewahrt, wo sie niemand mehr heimlich ausgraben kann.

Am Fundort auf dem Mittelberg informiert das gut konzipierte Ausstellungszentrum Arche Nebra mit interaktiven Elementen über Hintergründe und Entstehung der Himmelsscheibe.
Arche Nebra
Nebra, An der Steinklöbe 16, himmelsscheibe-erleben.de

Die originale Himmelsscheibe ist im Landesmuseum für Vorgeschichte in Halle ausgestellt.
Landesmuseum für Vorgeschichte
Halle, Richard-Wagner-Str. 9
landesmuseum-vorgeschichte.de

48 STUNDEN IN
Halle

Ein Kurztrip in die größte Stadt von Sachsen-Anhalt kann ganz entspannt sein, verspricht die Musikerin **Anna Maria Zinke.** Wenn sie Gästen ihre Wahlheimat zeigt, freut sie sich über »null Sightseeing-Stress«

Leipzigs kleine Schwester wird Halle genannt: Auf dem Marktplatz bietet die Stadt mit Rotem Turm und Marktkirche (auch Marienkirche genannt) viel Historie, an Orten wie dem »Kaffeeschuppen« (linke Seite) aber auch viel Kleinkunst und beste Kneipenkultur

Paulusviertel Mittelpunkt des beliebten, um 1900 entstandenen Quartiers ist die zeitgleich erbaute Pauluskirche, von der acht Straßen strahlenförmig in die Umgebung führen

Anna Maria Zinke *ist im Harz geboren, war später Ostseekind, Kurzzeit-Berlinerin, und kam 2002 zum Studium der Kunstpäda-gogik nach Halle – und ist geblieben: »Mich hat nichts weggezogen!« Heute arbeitet sie vor allem als Musikerin, ihre Komposi-tionen beschreibt sie als »Liedermacherfolk« oder auch als »Melancholieder«. Im Frühjahr 2021 erschien ihre zweite CD »Weiter«.* www.bandimwandel.de

Woran ich denke, wenn ich Halle in drei Worten beschreiben soll? Hallenser, Hallunken und Hallo-ren! Hallenser sind die hier Geborenen, Hal-lunken die Zugezogenen wie ich. Und Hallo-ren, das sind seit dem Spätmittelalter die tra-ditionellen Salzarbeiter, Halle ist ja eine der großen Salzstädte. Auch die hiesige älteste deutsche **Schokoladenfabrik – mit Schoko-ladenmuseum! –** heißt so und stellt gleich-namige Süßigkeiten her, die optisch an die Festtagsgewandsknöpfe der Halloren erinnern.

Wenn ich Besuch durch die Stadt führe, merke ich, wie gut sie zu Fuß oder per Rad zu erkunden ist. Halle gilt ja im Volksmund als die kleine Schwester von Leipzig, eine Erkun-dung hat etwas Entschleunigendes. Die Stadt hat Substanz, historisch wie kulturell, aber es gibt null Sightseeing-Stress. Außer man ist mit dem Auto unterwegs, das endet fast immer in im Wortsinne verfahrenen Situationen.

Beginnen wir also zu Fuß rund um das Landesmuseum mit der Himmelsscheibe (siehe S. 58). In der Nähe lohnt der Besuch im **Café Ludwig:** Es gibt guten Kuchen, einen Bücherraum mit gemütlichen Sesseln und hin und wieder Livemusik. Ebenfalls nett ist das von Künstlern geschaffene **Café Rosenburg.** Gut gestärkt geht es bummelig weiter Rich-tung Saale – vorbei am architektonisch

spannenden Wittekindbad. Das war ganz frü-her ein altes Heilbad und später ein *Lost Place,* wir sind hier während meines Studiums noch öfter rein. Heute sind da in den runden Gängen und Kammern diverse Praxen.

Unten an der Saale wartet das **Kaffeehaus Wittekind,** das seit 2021 eine 110-jährige Konditor- und Kaffeetradition neu belebt – Sie merken schon, ich genieße gerne! Schräg ge-genüber findet man das sehr schöne **Kino Luchs** – Teil unserer feinen Programmkino-szene. In der Nähe liegt das **Objekt 5** mit seinen ausladenden Terrassen – hier gibt es gute Gastro und abends viel Livemusik.

Von da aus geht's unbedingt rauf auf die Burg Giebichenstein – der schönste Blick über Halle! Geteilt ist sie in Unter- und Oberburg, der untere Teil gehört zur Kunsthochschule, hier habe ich auch studiert. Die Oberburg mit dem Aussichtsturm ist Teil des **Stadt-museums.** In diesem wunderschönen Am-biente haben wir im Sommer 2021 beim »Trotzburgfest« das Release-Konzert für mein zweites Album geben dürfen.

Nun spazieren wir am Riveufer an der Saale entlang, vorbei an der Giebichenstein-brücke, die man an ihren zwei mächtigen Pfei-ler-Skulpturen von Pferd und Kuh erkennt. Eine Brücke weiter südlich geht es über die Saale auf die große Peißnitzinsel und zum

PUPPENTHEATER

Keineswegs nur Kinderbe-lustigung: Der Magie der Menschen-Puppen in Ver-bindung mit echtem Schau-spiel kann sich kaum ein Zuschauer entziehen, zu-dem werden auch viele Stücke und Stoffe für Er-wachsene gespielt, etwa »Dracula – Mächte der Finsternis«. Der MDR lobt: »Das virtuose Spiel mit den lebensgroßen Puppen ist – wie die Puppen selbst – spektakulär.« Unbedingt vor-her auf buehnen-halle.de nach Karten schauen – die zwei Theaterräume sind klein und oft ausverkauft. Große Ulrichstr. 51, facebook. com/PuppentheaterHalle

1 **Kaffeehaus Wittekind** Das 2021 in historischen Räumen eröffnete Café wurde mit viel Feingefühl neu gestaltet **2 Bewaffel Dich** Hier gibt's beste Waffeln, von klassisch bis herzhaft **3 Oper Halle** Der Bau von 1886 ist ein feines Ziel für Tanz, Musik und Gesang

Kleine Ulrichstraße
Die »Kleine Uli« ist eine beliebte
Kneipenmeile in der Altstadt

Peißnitzhaus, einem historischen Schlösschen, das ein Verein vor dem Verfall bewahrte und zu dem ein beliebter Biergarten gehört. Zurück in der Stadt geht's vorbei an den Mauern der Moritzburg. Die teilweise zerstörte Bischofsresidenz wurde um 1900 zum **Kunstmuseum** umgestaltet, die Sammlung reicht von sakraler mittelalterlicher Kunst bis zu Werken von Lyonel Feininger oder Werner Tübke. Von der Moritzburg führen schöne kleine Gassen Richtung Domplatz. Ich empfehle die Kleine Ulrichstraße, liebevoll nur die »Kleine Uli« genannt – eine Fußgängerzone mit vielen sinnlichen Verführungen. In der **Ökoase** kann man lecker vegetarisch und vegan essen. Der **Kaffeeschuppen** ist ein wunderbarer, pubähnlicher Ort der Musik und Begegnung. Die **Bar Potemkin** wiederum ist klein und kultig. Das **Händel-Haus** am Südende der Straße ist das Geburtshaus des Komponisten und heute ein Museum. Apropos: Nicht weit entfernt finden Sie auch – wer hätte das gedacht – ein **Beatles-Museum!** Sie waren für mich als Teenager so was wie meine »Boygroup«, ich freue mich im Vorbeigehen immer über die nach draußen dringenden Lieder.

Vom Hallmarkt aus hat man dann den schönsten Blick nach weiter oben auf die Marktkirche. Halle wird auch »Stadt der fünf Türme« genannt: Die Marktkirche hat vier,

weil sie mal aus zwei Kirchen vereint worden ist. Und davor steht der 84 Meter hohe Rote Turm. Die 76 Glocken bilden das größte Glockenspiel Europas – ich bin ein bisschen stolz, denn auch eine meiner Kompositionen wurde dort schon gespielt. Am Baristastand auf dem Markt hole ich mir oft meinen Hafermilch-Cappuccino, mein Arbeitsraum im **Künstlerhaus Goldener Pflug** ist gleich um die Ecke.

Ach, die Stadt hat so viele kleine, feine Ecken und Plätze – ich könnte ewig aufzählen: Das **Feingemacht** ist ein Kunstladen, in dem lokale Kunstschaffende ihre Arbeiten zeigen. Die nahe **Buchhandlung Jacobi & Müller** führt vorwiegend regionale Autoren – und ja, auch meine neue CD. Sehr speziell ist nebenan das **Bewaffel Dich** mit unglaublichen Waffelspezialitäten. Ich selbst wohne übrigens nebenan im Paulusviertel. Das ist so etwas wie der Prenzlauer Berg von Halle, ein schönes Gründerzeitviertel mit liebevoll restaurierten Häusern. Unbedingt zu empfehlen: der Eisladen **Vanilla**, der auch Sorten wie Grüne Gurke oder Fleur de Sel verkauft. Für alle, die sich sehr spät am Abend noch was gönnen wollen, ist **Don't worry be Curry** der *Place to be.* Selbst nachts um zwei gibt's hier die besten Pommes – und wer die mal gegessen hat, ist schon ein halber Hallunke!

Protokoll: Jochen Harberg

FOTOS: NATALIE KRIWY, LUKAS SPÖRL, MICHAEL BADER/INVESTITIONS- UND MARKETINGGESELLSCHAFT SACHSEN-ANHALT MBH

Im **Feingemacht** (oben) sind alle richtig, die Kunst und Design aus Halle suchen – oder Lust auf einen Kaffee haben. **Hallmarkt** Für eine kleine Pause am Brunnen ist der nette und weitläufige Platz eine gute Option

Welch überwältigende Aussicht!
Vom Stadtpark Wordgarten aus fällt
der Blick auf Quedlinburgs malerische
Altstadt und den Schlossberg
mit seinem weltberühmten Dom

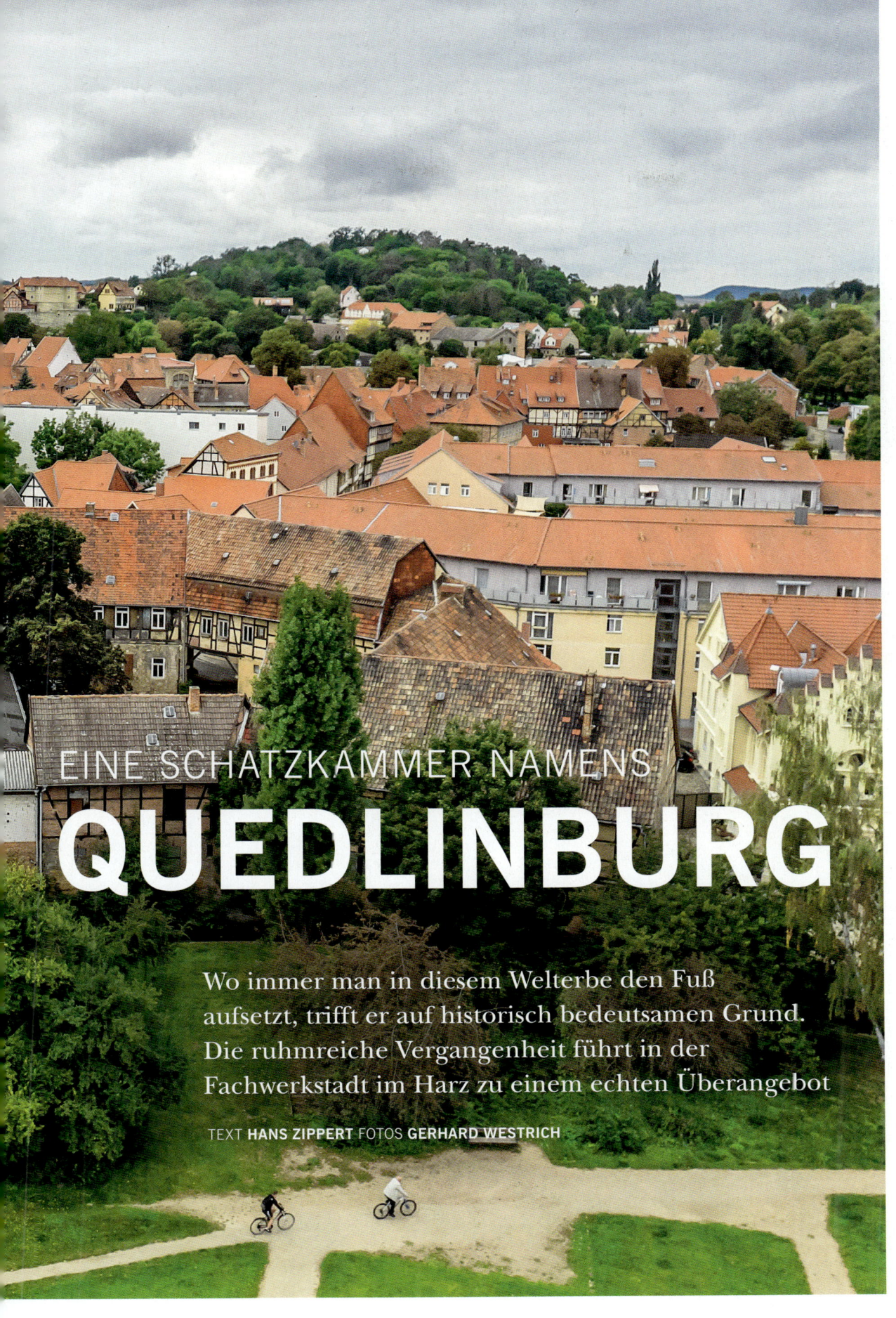

EINE SCHATZKAMMER NAMENS
QUEDLINBURG

Wo immer man in diesem Welterbe den Fuß
aufsetzt, trifft er auf historisch bedeutsamen Grund.
Die ruhmreiche Vergangenheit führt in der
Fachwerkstadt im Harz zu einem echten Überangebot

TEXT **HANS ZIPPERT** FOTOS **GERHARD WESTRICH**

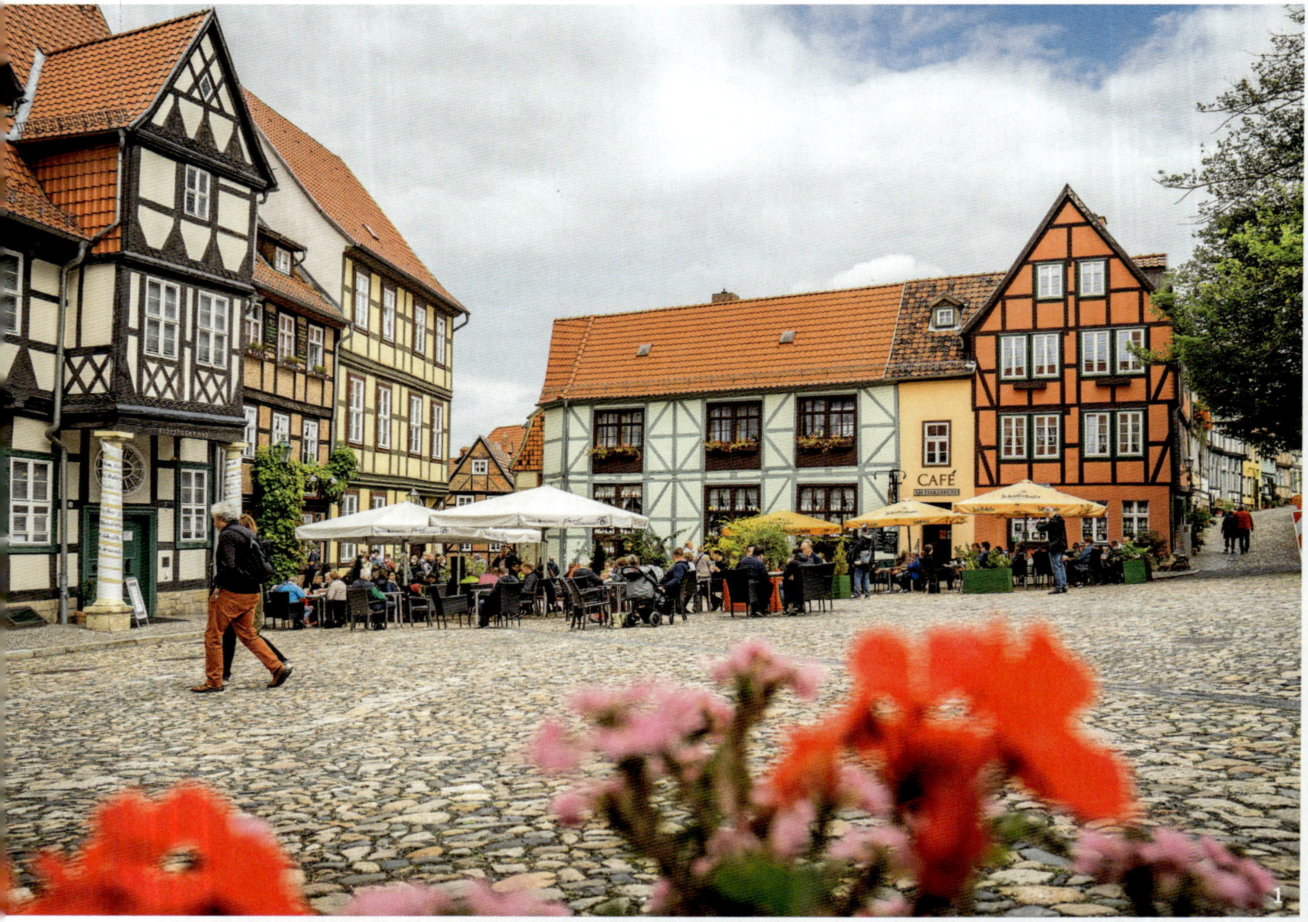

1

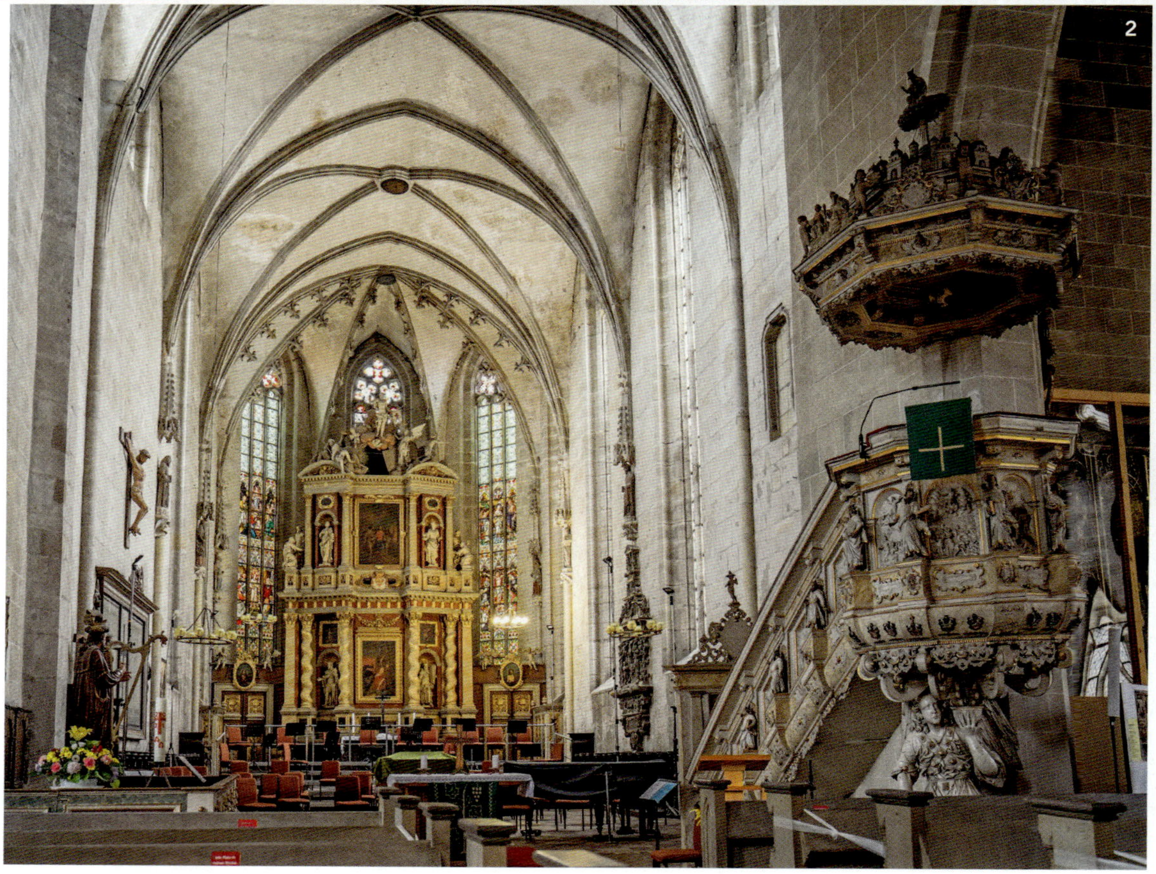
2

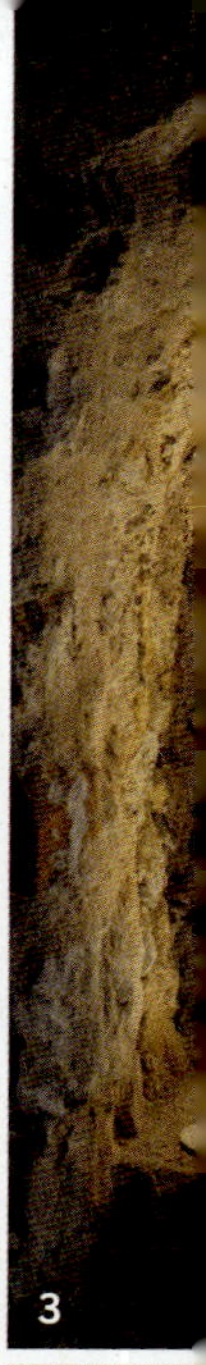
3

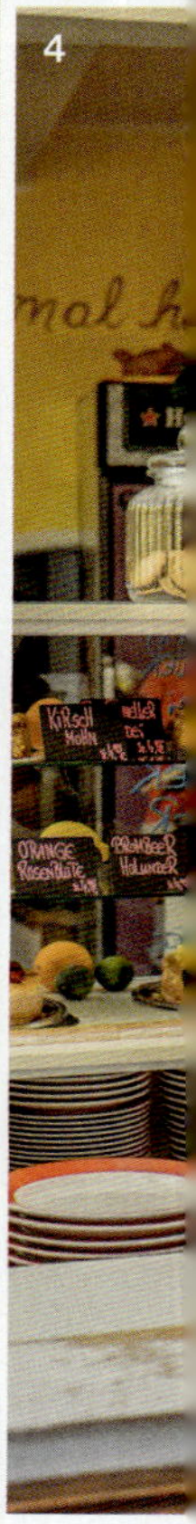
4

FOTO: MAXIMILIAN ANDEREYA

Der Satiriker **Hans Zippert** reiste für MERIAN in die Welterbestadt Quedlinburg – und war erschlagen von der Dichte der Attraktionen dieser 24 000-Einwohner-Stadt. Er verfasste eine Liebeserklärung der besonderen Art: eine Hommage an Fachwerk und Feininger, Klopstock und Käsekuchen

1 Mittelalterliche Kulisse: der Schlossberg mit dem Klopstockhaus (links)
2 Prachtvolle Zierde: die Marktkirche St. Benedikti mit ihrer Kanzel aus der Spätrenaissance 3 Alte Kirchenkunst auf dem Münzenberg: eine Reliefplatte im Museum St. Marien
4 Das Café »Vincent« ist berühmt für seinen Käsekuchen

Quedlinburg gehört zu den wenigen Orten in Deutschland, die man wirklich unbedingt gesehen haben muss, auch wenn man sich eigentlich nicht so besonders für Fachwerkhäuser interessiert. Die Stadt im Landkreis Harz war jedenfalls nicht ohne Grund Kulisse für eine ganze Reihe Spielfilme, aber auch Dokumentationen, vor allem natürlich über Quedlinburg. 2012 war der Hollywood-Star George Clooney hier zu Gast, verzehrte im Restaurant »Benedikt« Tagliatelle mit Pfifferlingen und soll die Worte »It's perfect!« gesprochen haben. Er bezog sich dabei höchstwahrscheinlich auf die unglaubliche Bausubstanz. Vor Clooney logierten auch schon Heinrich Heine und Theodor Fontane in Quedlinburg, über deren Essgewohnheiten ist leider nichts bekannt.

Knapp 24 000 Menschen leben hier, aber durch die Straßen laufen mehr als eine Million Tagestouristen, zum Glück nicht an einem Tag, sondern übers Jahr gesehen. Sie wollen ein Welterbe besichtigen, das gleichrangig neben der Akropolis in Athen und der Chinesischen Mauer in der Liste der UNESCO geführt wird. Der Bestand an Sehenswürdigkeiten reicht problemlos für einen wochenlangen Aufenthalt – und dann hat man das wunderschöne harzhaltige Umland noch gar nicht gesehen.

Wenn Sie nur sehr wenig Zeit haben, gleich zu Anfang ein echter Geheimtipp: Schauen Sie sich den Domschatz in der Stiftskirche an und achten Sie neben dem elfenbeinernen Bartkamm von Heinrich I. auf ein Gefäß aus eitel Alabaster. Es handelt sich um einen der Krüge von der Hochzeit zu Kanaa, in denen der junge Jesus auf Bitten seiner Mutter Wasser in Wein verwandelte. Obwohl sie damit in Quedlinburg nicht besonders hausieren gehen, ist das meine absolute Lieblingssehenswürdigkeit, eine Top-Reliquie, die erwiesenermaßen aus dem 1. Jahrhundert stammt, also absolut echt sein könnte, ja, müsste. Das Gefäß ist von hinten beleuchtet, und das Licht schimmert durch den Alabaster, sodass es tatsächlich so aussieht, als sei er mit Wein gefüllt. Warum man den wunderschönen und mit Sicherheit

Wunder wirkenden Krug nicht im Rotationsverfahren der lokalen Gastronomie zur Verfügung stellt, ist mir ein Rätsel.

Was kaum noch jemand weiß, aber was auch mit Vermehrung zu tun hat, ist die Tatsache, dass Quedlinburg einst das Zentrum der Saatgutproduktion war, die die Stadt reich gemacht hat. Um 1930 deckten die dort ansässigen Betriebe tatsächlich 25 Prozent des Weltbedarfs an Zuckerrübensaatgut. Heute gibt es noch genau ein Geschäft in der Mauerstraße, in dem man seinen Bedarf an Quedlinburger Saatgut decken kann, egal, ob Kräutersaat, Blumensaat oder Gemüsesaat.

In der Carl-Ritter-Straße hat man der ruhmreichen Vergangenheit immerhin ein recht ausgelassenes Denkmal gesetzt. Auf einem Spatenstiel balancieren übereinander Samen von Rüben, Bohnen, Fenchel und ein stilisiertes goldenes Samenkorn. Nur sehr wenige Menschen kommen allerdings deswegen in die Stadt, es ist tatsächlich eine der am seltensten gehörten Reiseempfehlungen, die ich kenne: »Du musst unbedingt mal nach Quedlinburg fahren, das war um 1930 die Weltsaatguthauptstadt.«

Es gibt auch viel zu viele andere Gründe, um hier seine Zeit zu verbringen. Wo immer man den Fuß in Quedlinburg aufsetzt, er trifft auf historisch bedeutsamen Grund. Die Stadt ist eine Gesamtsehenswürdigkeit, allein mehr als 2000 Fachwerkhäuser stehen hier, über zwei Drittel davon eindrucksvoll saniert, jeder denkbare Baustil ist vertreten, und natürlich haben sie in Quedlinburg auch ein Fachwerkmuseum, mit der angeschlossenen Jugendbauhütte Quedlinburg, wo diese spezielle und übrigens zugleich sehr ressourcenschonende Baukunst gelehrt wird.

Empfehlenswert ist eine kundige Stadtführung. Die Touren beginnen auf dem Marktplatz mit dem imposanten, etwas überdimensioniert wirkenden Rathaus, das 1310 erstmals erwähnt wurde. Das davor stehende Rolandstandbild aus Buntsandstein ist das zweitkleinste Deutschlands. Diese Information wollte ich dem Leser nicht ersparen, nachdem sie mir auch nicht erspart wurde. Könnte bei Günther Jauch aber eine 125 000-Euro-Frage sein.

Wenn man unterwegs plötzlich einen Mann zu sehen glaubt, der einen Uhu auf dem Arm trägt und einen Steinkauz auf der Schulter, dann sollte man seinen Augen durchaus trauen, denn es handelt sich um Jens Haberlandt, den Eulenmann, eine weitere lokale Sehenswürdigkeit. Nach meiner Erfahrung empfiehlt es sich, mehr als eine Tour zu absolvieren, denn die staatlich geprüften Führer berichten durchaus subjektiv. Einer meiner stammte aus einer indigenen Familie und erzählte, dass sich Quedlinburg vor der Wende in gar keinem schlechten Zustand befunden habe, da polnische Brigaden schon ein Drittel der Bauten in einen vorzeigbaren Zustand versetzt hatten, das andere Drittel kam dann nach der Wende dran, und das dritte Drittel wartet noch auf seine Erweckung. Fest steht, dass die jetzigen Mitarbeiter der Quedlinburger Bauhütte bundesweit einen glänzenden Ruf haben. Seit der mehrteiligen MDR-Reportage »Die Denkmalretter« weiß man, dass ihnen keine Mauern zu alt und keine Aufgaben zu kompliziert sind und sie deswegen umgehend angefragt

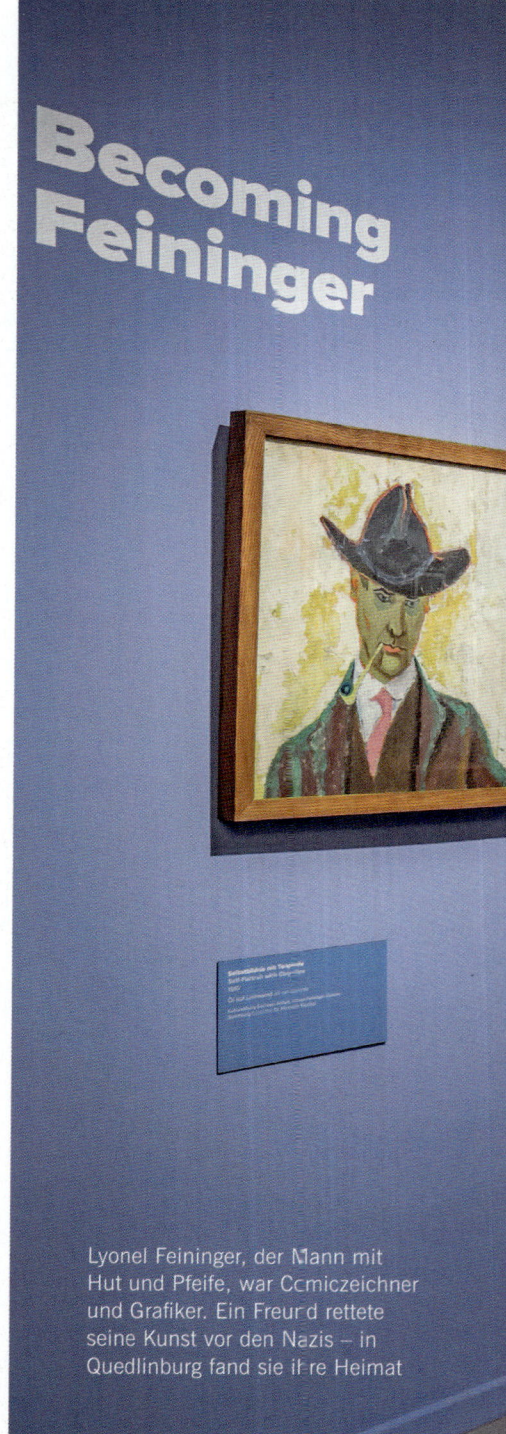

Lyonel Feininger, der Mann mit Hut und Pfeife, war Comiczeichner und Grafiker. Ein Freund rettete seine Kunst vor den Nazis – in Quedlinburg fand sie ihre Heimat

IN DER WEITLÄUFIGEN LYONEL-FEININGER-GALERIE BEFINDET SICH EINE DER WELTWEIT GRÖSSTEN SAMMLUNGEN, SIE GIBT EINEN BEEINDRUCKENDEN QUERSCHNITT DURCH DAS WERK DES VIELSEITIGEN KÜNSTLERS

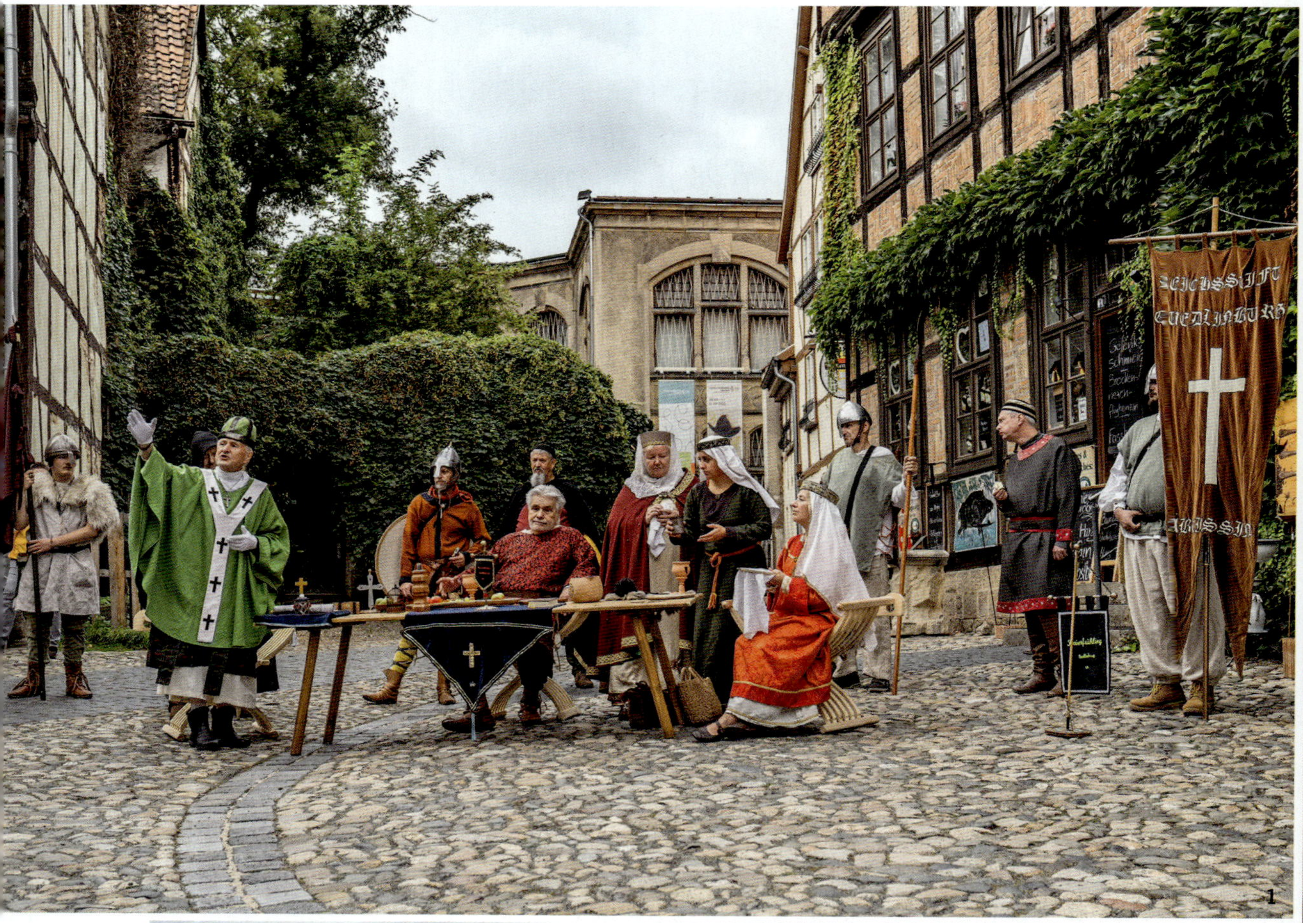
1

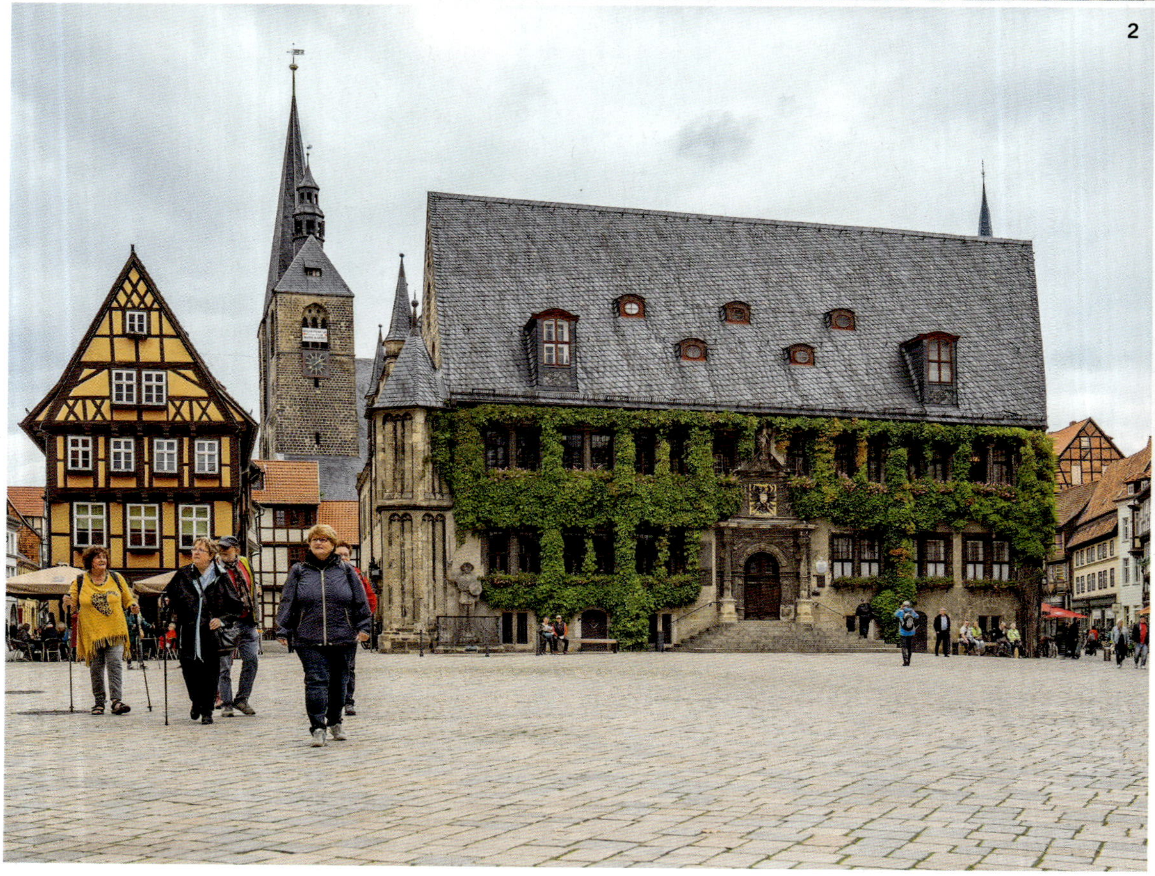
2

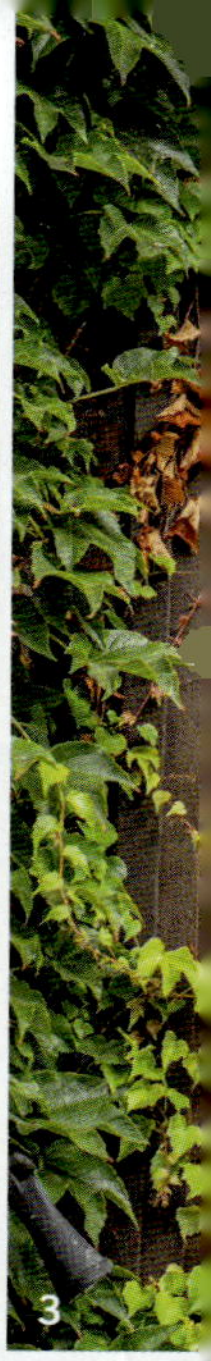
3

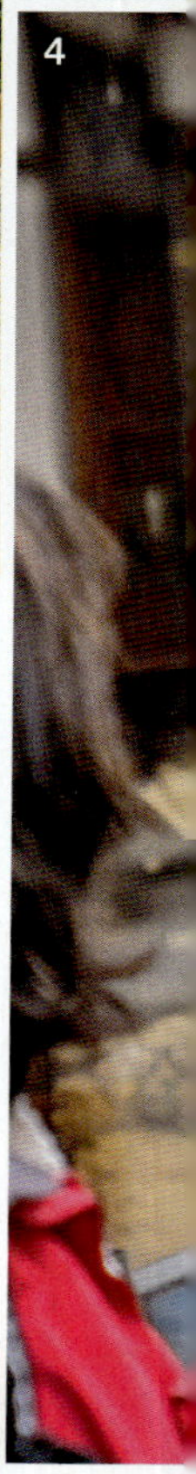
4

WENN MAN UNTERWEGS PLÖTZLICH EINEN MANN ZU SEHEN GLAUBT, DER EINEN UHU AUF DEM ARM TRÄGT UND EINEN STEINKAUZ AUF DER SCHULTER, DANN SOLLTE MAN SEINEN AUGEN DURCHAUS TRAUEN, DENN ES HANDELT SICH UM JENS HABERLANDT, DEN EULENMANN

1 Schauspieler vom Verein Kaiserfrühling Quedlinburg lassen das Mittelalter aufleben **2** Das von Efeu umrankte Rathaus auf dem Marktplatz ist der Mittelpunkt der Stadt **3** Hübsch dekoriert: die Fenster des Senfladens am Finkenherd **4** Lebendige Fotokulisse: Wer mag, kann sich mit den Uhus vom Eulenmann Jens Haberlandt fotografieren lassen

werden, wenn irgendwo in Deutschland ein Schloss, eine Burg oder eine Kirche restauriert werden soll. Trotzdem haben sie Nachwuchsprobleme, weil, so einer der Steinmetze, »die jungen Leute lieber YouTuber« werden wollen würden. Vielleicht sollte sich der Angelegenheit nicht der MDR, sondern George Clooney mal filmisch widmen, um die Bedeutung dieses Berufsstands zu betonen.

Es ist wirklich eine wunderschöne Stadt, die nach Anbruch der Dunkelheit noch einmal einen ganz besonderen Zauber verströmt, denn dank eines einfühlsamen Lichtkonzepts sind die Straßen nur dezent und nicht grell beleuchtet. Doch bei aller Schönheit trifft man häufig auf Bürger, die ausführlich über fehlende Infrastruktur und den Mangel an Arbeitsplätzen sprechen. Vielleicht liegt es auch einfach an der Mentalität der Menschen, denn der Quedlinburger sei nur schwer hinter dem Ofen hervorzulocken, erzählt der Vorsitzende des Kaiserfrühling Quedlinburg e.V., einem Verein, der historische Ereignisse in »originalsten Gewandungen« darstellt. Die wirklich prächtigen Kostüme werden vor Ort angefertigt. Leider zählt der Verein nur 14 aktive Mitglieder, bei Massenszenen hilft die Lebenshilfe Harzkreis GmbH mit Statisten aus. Das war im 10. Jahrhundert noch anders, als Quedlinburg zur Lieblingspfalz von Heinrich I. wurde und die Massenszenen problemlos mit Einheimischen besetzt werden konnten.

Quedlinburg bedrängt den Besucher geradezu mit einem Überangebot von Sehenswürdigkeiten, der Schlossberg am Finkenherd ist dafür ein gutes Beispiel. Dort liegen nebeneinander das Café von Vincent, dem Käsekuchenkönig, das Klopstockhaus, die Feininger-Galerie und das »Café am Finkenherd«. Die längsten Schlangen bilden sich beim Käsekuchenkönig, von über 130 möglichen Sorten gelangen zirka dreißig in den täglichen Verkauf und neben traditionellen Geschmacksrichtungen gibt es auch ausgefallenere Sorten wie Thymian-Limette und Granatapfel-Jalapeños.

Das gegenüberliegende »Café am Finkenherd« bietet immerhin um die zehn Varianten des Gebäcks an. Wir finden also die größte Käsekuchendichte Quedlinburgs, vielleicht sogar Europas, hier vor, die UNESCO sollte da noch mal genau nachmessen. Nur wenige Meter vom Kuchen entfernt, direkt gegenüber dem Quedlinburger Senfladen, ist übrigens »die sagenreiche Stelle, wo dem Sachsenherzoge Heinrich die deutsche Königskrone angeboten sein soll«. So steht es auf einer Tafel am Haus Finkenherd 3.

E ines der kompaktesten Museen in ganz Deutschland ist mit Sicherheit das Klopstockhaus. Auf engstem und authentisch knarrendem Raum pflegt man nicht nur das Andenken an den berühmten Dichter, der 1724 als ältestes von 17 Kindern in Quedlinburg geboren wurde, sondern auch an Johann Christoph Friedrich GutsMuths, einen Mann, der viel Unglück über den ungelenken Teil der Menschheit gebracht hat, denn er erfand den Schulsport. Außerdem werden noch zahlreiche Dokumente zum Leben von Dorothea Christiane Erxleben ausgestellt, der ersten promovierten Ärztin Deutschlands.

Friedrich Gottlieb Klopstock dürfte zu den ungelesensten Dichtern unseres Landes gehören, dabei hat er das Dichten auf Deutsch praktisch erfunden. Man kann ein garantiert echtes Haarbüschel des Wegbereiters von Sturm und Drang besichtigen und sich ein wenig mit der »Deutschen Gelehrten-Republik« und dem »Wiener Plan« vertraut machen, einer Vision zur geistigen und materiellen Versorgung der Kunstschaffenden, mit der Klopstock in gewisser Weise die Künstlersozialkasse vorweggenommen hat. Dass der Dichter seinen Namen geschickt einzusetzen vermochte, beweist ein Fragment, in dem es heißt: »Voll schaudernder Lust Gespielin/mögen sich unsere Laiber winden gen Elysium/da Du nun wohlig empfängst/meynen pochenden Klopstock«.

Neben Käsekuchen und Klopstock erwartet die Lyonel-Feininger-Galerie die Besucher. Hier befindet sich eine der weltweit größten Sammlungen, die ein aus Quedlinburg stammender Schüler Feiningers vor dem Zugriff der Nazis rettete. Das Museum ist erstaunlich weitläufig und zeigt einen beeindruckenden Querschnitt durch das Werk des vielseitigen Bauhaus-Künstlers, der sich Anfang des 20. Jahrhunderts zunächst als Karikaturist und Comiczeichner einen Namen machte.

Wenn man am Ende eines hoffentlich langen Quedlinburg-Aufenthalts doch ein wenig erschöpft ist, von den mehr als 2000 Fachwerkhäusern mit Zehntausenden Schnitzereien, von den Domschätzen, Kirchenorgeln, Eulen, Kopfnischengräbern aus dem 11. Jahrhundert, den Ausgrabungen auf dem Münzenberg, Käsekuchen, Königskrönungen und Klopstockereien, von dieser Überfülle an Eindrücken, dann empfiehlt sich zum Abschluss ein Besuch im benachbarten Halberstadt. Dort kann man in der Burchardikirche noch bis zum Jahr 2640 die Aufführung von John Cages »Organ^2/ASLSP« (as slow as possible) verfolgen. Man hört immer nur einen Ton, der ungefähr alle zwei Jahre verändert wird.

Ein äußerst meditatives Werk, das die von Quedlinburg aufgepeitschten Nerven ein wenig zu beruhigen vermag. ◾

Der Finkenherd ist ein Platz großer Geschichte: 919, als der Ort noch ein Wald war, erfuhr Heinrich I. hier, dass man ihn zum König krönen möchte

ES GIBT EINE SCHMALE STRASSE, ABER DAS »SCHMALE HAUS« STEHT IN DER WASSERTORSTRASSE. DIE STADT BEDRÄNGT IHRE BESUCHER GERADEZU MIT ATTRAKTIONEN – UND SEIEN ES 130 KÄSEKUCHENSORTEN

Verträumter Ort im Fachwerk-Ensemble: das Restaurant »Schiller's« in der Langen Gasse

Kirchen, Künstler, Kalorien

Mehr als 2000 Fachwerkhäuser auf kleinem Raum: Das Harzstädtchen Quedlinburg ist der ideale Ort, um durch eine mittelalterliche Kulisse zu flanieren

STIFTSKIRCHE ST. SERVATIUS

Die Stiftskirche St. Servatius ist ein bedeutender Bau der Romanik. Schon Heinrich I. (876-936), Herzog von Sachsen und König übers Ostfrankenreich, wurde hier in einer Kapelle beigesetzt. Berühmt ist der monumentale Bau für seinen Domschatz, der sich auf zwei Räume neben dem Altar von St. Servatius verteilt. Mehr als 50 Teile hat dieser Schatz, darunter befinden sich der Heinrichskamm aus Elfenbein, Reliquienkreuze und -schreine, eine Madonnenkrone und das goldgeschmückte Samuhel-Evangeliar, eine der ältesten Handschriften überhaupt. Um den Domschatz rankt sich ein Krimi, der im April 1945 beginnt: Ein US-Offizier stiehlt

zwölf Stücke und schickt sie per Feldpost in seine texanische Heimat. Erst nach akribischer Detektivarbeit des Juristen und Historikers Willi Korte kehrt der Schatz 1993 heim. Zwei Teile bleiben allerdings verschollen: ein Flakon aus Bergkristall und ein goldenes Kreuz zum Umhängen.
kirchequedlinburg.de

MÜNZENBERG

Westlich der Quedlinburger Altstadt erhebt sich der Münzenberg. Ab dem 16. Jahrhundert bauten hier Wandermusiker, Straßenmaler, Scherenschleifer und Hausierer ihre Bleibe in die Überreste des Nonnenklosters St. Marien. Dessen Reste entdeckte man Mitte der

1990er Jahre zufällig im Keller eines Wohnhauses. Heute ist der Münzenberg mit seinem Kloster St. Marien und den über 60 Fachwerkhäusern ein liebevoll restaurierter Ort. Und das Klostermuseum gehört mittlerweile zu den Highlights der Stadt: Neben Halbsäulen, Kapitellen und verschiedenen Reliefs ist unter einem Glasboden sogar noch das Grab eines Ritters samt Skelett und Lanze in der Brust zu sehen. Die 107 Stufen zum Kloster hinauf lohnen aber noch aus einem anderen Grund: Der Blick von hier auf die Altstadt von Quedlinburg und den Schlossberg ist atemberaubend.
klosterkirche-muenzenberg.de

FINKENHERD

Am Finkenherd, auf dem Platz nördlich des Schlossbergs, soll Heinrich, Herzog von Sachsen, im Jahr 919 erfahren haben, dass er zum König gekrönt werden soll. Da Heinrich I. eine prägende Figur beim Zusammenwachsen des Reichs war, brachte diese Geschichte dem Ort, damals noch ein Wäldchen, viel Aufmerksamkeit. Unabhängig davon ist der Finkenherd heute ein hübscher Platz, der von Fachwerkhäusern gerahmt wird. Markant: das um 1780 entstandene und unter Denkmalschutz stehende Haus Finkenherd 3, das als Kopf einer Häuserzeile in den Platz hineinragt. Und nicht weit entfernt liegt das »Café am Finkenherd« – für eine Käsekuchen-Pause.

LYONEL-FEININGER-GALERIE

Lyonel Feininger (1871-1956) gilt als einer der bedeutendsten Vertreter der Klassischen Moderne. Mit 16 Jahren kam der New Yorker nach Deutschland, arbeitete als Karikaturist und Grafiker und schuf expressionistische Kunst wie seine berühmten elf Stadtansichten von Halle. Die Nazis diffamierten sein Werk als »entartete Kunst«. 1937 kehrte Feininger nach New York zurück. Vorher übergab er seine Werke an den Freund und Kunstsammler Hermann Klumpp.

Der versteckte die Arbeiten in seiner Heimatstadt Quedlinburg. Ein Jahr vor dessen Tod 1987 wurde die Galerie gegründet, um die weltweit größte Sammlung von Druckgrafiken Feiningers zu zeigen. Schlossberg 11, feininger-galerie.de

KLOPSTOCKHAUS

Ein Quedlinburger gehört zu den Begründern der klassischen deutschen Literatur: Friedrich Gottlieb Klopstock (1724-1803). Bereits 1899, zu seinem 175. Geburtstag, richtete die Stadt in seinem um 1560 erbauten Geburtshaus ein Museum ein. Mittlerweile wurde das Klopstockhaus erweitert und modernisiert – Möbel, Gemälde und Bücher erzählen aus dem Leben und Werk des Dichters, der ein Zeitgenosse der Literaturstars Goethe und Schiller war. Schlossberg 12, quedlinburg-info.de

RESTAURANT BENEDIKT

Es ist schon eine Weile her, aber natürlich wirkt der Nachruhm: Einst, genauer 2012, bekochte Till Schicker in seinem Lokal den Hollywood-Star George Clooney, was ihm bis heute einige Beachtung beschert. Serviert hat er damals Kalbsleber mit getrüffelten Gnocchi und Pasta mit Pfifferlingen und Rauke. Clooney trank Weißburgunder dazu, es soll ihm geschmeckt haben. Das Restaurant liegt im Schatten der Marktkirche St. Benedikt – auch der hauseigene Biergarten ist sehr zu empfehlen. Marktkirchhof 18, benedikt-quedlinburg.de

SCHILLER'S

Einen schöneren Platz für ein Lokal hätte man kaum wählen können: Vorne lässt sich wunderbar auf der Langen Gasse mit ihren Fachwerkhäusern sitzen, hinten kann man es sich im verträumten Garten gut gehen lassen. Im »Schiller's« beginnt der Tag mit Frühstück, später gibt es Tapas (Rote-Bete-Carpaccio) und für den größeren Hunger das Spezial (hausgemachte Semmelknödel). Lange Gasse 32, schillers-quedlinburg.de

SCHLOSSHOTEL ZUM MARKGRAFEN

Ende des 19. Jahrhunderts kaufte der Industrielle Georg Lindenbein nahe der Stadtmauer ein 12 000 Quadratmeter großes Grundstück und ließ eine Villa mit Türmchen und Giebeln im Stil der Neogotik daraufsetzen. Innen gibt es Kreuzgewölbe zu sehen, Fresken, Stuck und Fenster mit Bleiverglasungen. Im denkmalgeschützten Haus lässt sich heute so mondän wie vor 100 Jahren übernachten, dazu bietet das Hotel zehn Doppelzimmer und zwei Juniorsuiten. Umwerfend ist der Blick von der Hotelterrasse auf die Quedlinburger Altstadt. Wallstr. 96, schlosshotel-zum-markgrafen.de

KÄSEKUCHENBÄCKEREI VINCENT

»Granatapfel-Jalapeños«, »Verzuckerter Knacki«, »Brockensplitter«: So extravagant heißen einige der Käsekuchen, die Vincent Wehrenpfennig und seine Frau Maureen in ihrem Café am Schlossberg anbieten. Dagegen klingen Varianten wie Stachelbeer- oder Apfel-Mandel-Käsekuchen fast schon langweilig, sind aber garantiert genauso lecker. In dem urigen Fachwerkhaus kredenzen die beiden mehr als 130 Käsekuchensorten, bis zu 30 werden jede Nacht frisch gebacken – von der Chefin höchstselbst. Schlossberg 13, kaesekuchenbaeckerei.de

WELTERBE BEDEUTET IMMER IDENTITÄT«

Kein anderes Bundesland zählt mehr Welterbestätten als Sachsen-Anhalt. Und es könnten noch mehr werden. Kulturminister Rainer Robra tut sein Bestes dafür, denn er sagt: Städte und Regionen im Land können dadurch nur gewinnen an internationaler Strahlkraft

INTERVIEW: **FRANZ LENZE**

Rainer Robra, *Jahrgang 1951, studierte Jura, war Richter und Staatsanwalt. 2002 wurde er in Sachsen-Anhalt Staatsminister und Chef der Staatskanzlei sowie Europaminister, seit 2016 ist er zudem Kulturminister des Landes – und damit verantwortlich für die Welterbestätten.*

MERIAN: In Deutschland gibt es 51 Welterbestätten, allein sechs davon in Sachsen-Anhalt, das damit unter den Bundesländern einen Spitzenplatz einnimmt. Erfüllt Sie das mit Stolz?
RAINER ROBRA: Unser Land besitzt seit alters her eine eindrucksvolle Dichte bedeutender Zeugnisse deutscher und europäischer Geschichte. Wir können in der Tat stolz auf dieses einmalige kulturelle Erbe sein, steht es doch stellvertretend für die bemerkenswerte Ideengeschichte der Region. Gleichzeitig bringt aber eine solche Fülle an Welterbe auch ein hohes Maß an Verantwortung mit sich. Allein in den Erhalt unserer baulichen Welterbestätten wurden in den letzten Jahren viele Millionen Euro investiert. Das ist gut angelegtes Geld. Wir fühlen uns

dabei nicht nur gegenüber unseren nachkommenden Generationen, sondern auch gegenüber der gesamten Welt verpflichtet. Das ist ja der Kern des Welterbetitels.
Welche Bedeutung haben die Welterbe-Orte für das Bundesland?
Die Welterbestätten sind für Sachsen-Anhalt mehr als ein touristisches Reiseziel. Inhaltlich sind sie Wegweiser, die uns Orientierung geben können. Ich erlebe unser Land als eine kulturell spannende und geschichtsbewusste Region. Welterbe bedeutet daher auch immer Identität. Dies gilt für den südlichen Teil des Landes mit der Kulturlandschaft an Saale und Unstrut und der Harzregion ebenso, wie für das älteste deutsche Biosphärenreservat Mittelelbe im Norden. Nicht zuletzt begreifen wir das Welterbe

als Alleinstellungsmerkmal unseres Landes. Von der Bronzezeit bis zum Modernen Bauen finden sich auf engstem Raum Denkmäler, die ihre jeweilige Zeit, aber auch die Gegenwart prägen.

Sachsen-Anhalt möchte aber gerne noch mehr Welterbe. Bald sollen die Franckeschen Stiftungen, das Pretziener Wehr und das Schiffshebewerk in Rothensee folgen – nicht zu vergessen die Merseburger Zaubersprüche. Sind Sie zuversichtlich, den Zuschlag zu bekommen?
Ich bin davon überzeugt, dass diese Einrichtungen und Objekte allesamt Stätten von außergewöhnlichem und universellem Wert sind. Sie würden Lücken in der Welterbeliste schließen. Bisher haben kaum solche Denkmale, die für den Beginn einer neuen ingenieurtechnischen Epoche stehen, ihren Eintrag dort gefunden. Nehmen Sie das Schiffshebewerk in Magdeburg-Rothensee: Eine Meisterleistung, durch die Schiffe hocheffizient einen Höhenunterschied von bis zu 18 Metern überwinden. Es ist das einzige Schwimmerhebewerk weltweit, das noch genutzt wird. Oder das Pretziener Wehr: Wenn Sie vor den mächtigen Pfeilern und Tafeln des Wehres stehen, die das Wasser stauen, wird der Aufwand deutlich, mit dem unsere Vorfahren Hochwasserkatastrophen abzuwehren wussten. Diese technischen Meisterwerke wollen wir stärker in den Vordergrund rücken. Daher der Entschluss, sie für das UNESCO-Welterbe vorzuschlagen.

Allerdings ist die Nominierung ein langwieriger und komplizierter Prozess ...
Genau. Das sieht man gut am Beispiel der Franckeschen Stiftungen. Nachdem wir im Jahr 2016 eine negative Vorprüfung erhalten hatten, haben wir den Antrag zurückgestellt und arbeiten nun noch stärker das Einzigartige und aus meiner Sicht Wegweisende heraus: dass die Franckeschen Stiftungen heute noch in ihrer Arbeit und dem baulichen Ensemble die Idee einer Bildung für alle

verkörpern und dies weltweit vertreten. Bei den Merseburger Zaubersprüchen sind wir einen Schritt weiter. Der Antrag zur Aufnahme in das UNESCO-Weltdokumentenerbe ist bereits auf den Weg gebracht.

Hand aufs Herz: Wird das für Sachsen-Anhalt nicht langsam zu viel Welterbe?
Sachsen-Anhalts Gebiet ist schon seit sehr langer Zeit dauerhaft besiedelt, und es gibt sehr viele Zeugnisse einer kulturellen Prosperität. Es verwundert deshalb nicht, dass hier mehr Zeugnisse der Vergangenheit überlebt haben als anderswo. Beim Welterbe geht es ja auch nicht darum, einen Wettlauf um die höchste Zahl von Titelvergaben zu gewinnen. Die entscheidende Frage ist: Was macht an einem Bauwerk, Naturdenkmal, Dokument oder Brauch das Außergewöhnliche, das Universelle, das für die Menschheit Erhaltenswerte aus? Nicht zuletzt bedeutet der Welterbetitel auch, gewissermaßen in Vertretung für die gesamte Menschheit Verantwortung für das jeweilige Objekt zu übernehmen. Je mehr Bereiche vom Welterbe tangiert werden, desto mehr sind wir Teil einer weltweiten Kulturgemeinschaft, und eine desto größere Rolle kommt der Kultur in unserem Land zu. Das kann ich als zuständiger Minister für Kultur nur begrüßen!

Glauben Sie, dass die Aufmerksamkeit durch einen Welterbetitel belebend für die Orte und die Menschen ist, die dort wohnen?
Aus touristischer Perspektive ist die Antwort klar: ja. Städte und Regionen, die bisher weniger im Fokus von Reiseplanungen standen, erhalten durch den Welterbetitel eine internationale Strahlkraft. Die Titeleintragung motiviert zudem die Einwohnerinnen und Einwohner, sich für das kulturelle Erbe in nächster Nähe einzusetzen. Einige Regionen waren dabei schon vor der Ernennung zum Welterbe sehr aktiv, beispielsweise die gesamte Saale-Unstrut-Region, in der

ein eigener Welterbe-Verein den Nominierungsprozess des Naumburger Doms mit Herz und Tat erfolgreich begleitete. Die Welterbe-Orte profitieren in doppelter Hinsicht: Einerseits durch eine bessere Sichtbarkeit als Reiseziel für Kulturinteressierte und andererseits als eine Art identitätsstiftender Anker, der die Bewohner der Region begeistert, sich dieses kulturelle Erbe zu eigen zu machen und mitzugestalten.

Wenn Sie auf Sachsen-Anhalts Welterbestätten blicken: Welche ist Ihre liebste?
Jede Welterbestätte hat ihre eigenen Vorzüge und spricht die Menschen unter-

EINE SOLCHE FÜLLE AN WELTERBE BRINGT AUCH EIN HOHES MASS AN VERANTWORTUNG MIT SICH«

schiedlich an. Die UNESCO-Stätten stehen nicht nur für sich alleine, sie öffnen gemeinsam die Tore zum Verständnis unserer Kultur- und Geschichtslandschaft insgesamt. Ich empfehle Gästen daher immer gerne den Besuch der Welterberegion Anhalt-Dessau-Wittenberg. Hier lässt sich Weltgeschichte auf engem Raum erkunden, von der Reformation über das wunderbare Dessau-Wörlitzer Gartenreich, das wie kaum ein zweiter Ort für die Verwirklichung der Ideen der Aufklärung steht, bis hin zum Bauhaus und seinen Impulsen für die Moderne. Nach dieser umfangreichen Visite böte sich auch noch ein Besuch der Himmelsscheibe von Nebra im Landesmuseum für Vorgeschichte in Halle an.

DER NEUE BLICK AUFS BAUHAUS

Nirgends war das Bauhaus produktiver als in Dessau.
Die kleine Stadt bekam vor knapp 100 Jahren ein
Ideenlabor von Weltruf – und widmet ihm heute ein Museum
der besonderen Art. Das spanische Büro
addenda architects entwarf einen Bau, der alles auf einmal ist:
Black Box, Bühne und Glashaus

TEXT **BARBARA BAUMGARTNER** FOTOS **LUKAS SPÖRL**

»Lichtspielhaus« heißt die
Installation der New Yorkerin Lucy Raven,
die einen Teil des Museums wie
einen gläsernen Farbfächer erscheinen
lässt. Eine moderne Hommage an die
Farbstudien des Bauhauses

Anlass: 100. Gründungsjubiläum des Bauhauses –
Eröffnung: 08.09.2019 – Bauzeit: knapp 2,5 Jahre –
Gebäudemaße: 105 Meter lang, 25 Meter breit,
12 Meter hoch – Nutzfläche: 3500 Quadratmeter

Der gläserne Bau steht für Transparenz und soll Bindeglied sein zwischen Dessaus Zentrum und dem Park, dessen Baumriesen sich in den Scheiben spiegeln

Ausstellung
Exhibition >

1 Der Weg zu den kostbarsten Exponaten des Bauhauses führt zur Black Box, einem Riegel aus Stahlbeton, der fünf Meter über dem Boden schwebt 2 Unter den Schätzen: rekonstruierte Figurinen aus Oskar Schlemmers berühmtem »Triadischen Ballett«

Die Schatzkiste misst 100-mal 18 Meter und schwebt hoch über den Köpfen. Einen Tresor nennen ihre Schöpfer sie auch, oder eine Zeitkapsel. Offiziell heißt sie Black Box: ein Kubus aus Stahlbeton, in den kein Tageslicht dringt, damit der empfindliche Inhalt nicht Schaden nimmt – mehr als 1000 Exponate der Sammlung der Stiftung Bauhaus Dessau, mit rund 50 000 Objekten die zweitgrößte der Welt. »Die Herausforderung war: Wie 1500 Quadratmeter Ausstellungsfläche mit optimalen konservatorischen Bedingungen schaffen und gleichzeitig ein offenes Haus, das nicht den Eindruck vermittelt, dass man in die Dauerausstellung muss?« Roberto González ist Teil des Barceloner Architektenkollektivs addenda architects, von dem der Entwurf des Bauhaus Museums Dessau stammt. Die Hälfte der Antwort ist die Black Box; sie fünf Meter über den Boden zu heben, löste den Rest.

Denn so ist unterhalb des schwebenden Schatzes eine verschwenderisch weite, lichte Halle entstanden, ein Raum unendlicher Möglichkeiten für Ausstellungen und Konzerte, Theater, Filmvorführungen, Debatten. Umgeben ist er nur von Glas: Auf einer Seite geht der Blick hinaus auf Dessaus Kavalierstraße, auf der anderen sieht man die Bäume des Stadtparks, an dessen Rand

> »Die Herausforderung war: Wie 1500 Quadratmeter Ausstellungsfläche mit optimalen konservatorischen Bedingungen schaffen und gleichzeitig ein offenes Haus, das nicht den Eindruck vermittelt, dass man in die Dauerausstellung muss?«
>
> **ROBERTO GONZÁLEZ**
> addenda architects

das Museum wie ein blanker Riegel liegt, schlicht und streng. »Klare, aller unnötigen Zutaten bare, wohl proportionierte Züge« – was Bauhausgründer Walter Gropius zum Kennzeichen moderner Baukunst erklärte, trifft auf den Museumsbau jedenfalls zu.

Doch das ist nicht die Verbindung, die das Architektenteam – neben Roberto González zählen auch Anne Hinz, Cecilia Rodríguez, Arnau Sastre und José Zabala dazu – unterstreichen will. Als man zu fünft begann, Ideen für das Projekt zu entwickeln, habe man »bewusst eine Position der Distanz zum architektonischen Erbe« eingenommen, sagt González; den Gleichklang suchten sie mit der »Seele« des Bauhauses: »Und die liegt in der Aktivität, in der Interaktion mit dem Betrachter und Nutzer.«

Die gängige Vorstellung vom Bauhaus ist etwas enger: Die meisten Menschen verbinden mit der weltberühmten Kunst-, Architektur- und Designschule vor allem eine Reihe von Gebäuden und Gegenständen, die in ihrer funktionalen, schnörkellosen Eleganz definierten, was es heißt, modern zu sein. Geburtsort war 1919 Weimar, doch von rechtsnationalistischen Kräften verjagt, zog das Bauhaus 1925 weiter nach Dessau, wo es seine produktivste Zeit erlebte und einige der wichtigsten Bauten hinterließ: allen voran das kühne Schul- und Werkstattgebäude, das Walter Gropius aufs damals

noch fast freie Feld stellte und das seit 1996 zum UNESCO Weltkulturerbe zählt.

Roberto González besuchte das Bauhausgebäude zum ersten Mal im Winter 2005. Es lag Schnee, nur wenige Besucher wanderten damals durch die Räume, und er erinnert sich noch genau daran, wie tief beeindruckt er von den Detaillösungen war, etwa für die Fenster, und von den Farben in den »Meisterhäusern«, die Gropius in einem nahen Kiefernwäldchen für die Professoren gebaut hatte. Viele hätten das Bauhaus Museum gerne in der Nachbarschaft dieser Bauten gesehen, doch die liegen nicht im Zentrum, das Museum aber sollte die Innenstadt beleben, ihr ein neues Gesicht geben, so wünschten es die Regierenden. Dessaus

»Wir können es uns nicht leisten, Material und Zeit zu verschwenden. (...) Denken Sie daran, dass Sie oft mehr erreichen, indem Sie weniger tun.«

JOSEF ALBERS
Bauhausmeister

Kern, nach dem Zweiten Weltkrieg großteils ein ausgebrannter Krater, ist in den Jahrzehnten danach architektonisch nicht viel Gutes widerfahren, und die Stadt hat heute rund ein Viertel weniger Einwohner als noch 1991.

Das Dessau, das sich dem Bauhaus vor fast 100 Jahren als neuer Standort anbot, war ein aufstrebender, optimistischer Ort: eine kleine Industriestadt mit großen Plänen, die gut zu denen des Bauhauses passten. Gropius hätte eine Großstadt vorgezogen, doch Dessau, liberal regiert, machte ein Angebot, das man nicht ausschlagen konnte: Die Stadt sagte die Finanzierung von Schulgebäude, Professorenhäusern und Gehältern zu und gab Gropius den Auftrag für eine Wohnsiedlung im Ortsteil Törten.

Licht und weitläufig ist das gesamte Erdgeschoss als Offene Bühne angelegt – auch als Reminiszenz an Bauhausgründer Walter Gropius, der in seinem Schulgebäude ebenfalls einen zentralen Ort für Aufführungen vorgesehen hatte

Mit dem Umzug begann für das Bauhaus die wahre Entfaltung. Oder »der Ernst des Lebens«, wie die Frau des Bauhausmeisters Oskar Schlemmer schrieb; was nicht hieß, dass weniger gefeiert wurde – wie schon in Weimar, waren auch die Bauhausfeste in Dessau berühmt. In die Arbeit aber zog ein strengerer, nüchterner Geist ein. Man hatte die expressiv-romantischen Züge der Weimarer Zeit abgelegt, war auf die Einheit von Kunst und Technik eingeschworen; in den Werkstätten, die jetzt Laboratoriumswerkstätten hießen, wurde an Prototypen für die industrielle Massenproduktion gearbeitet. Marcel Breuer entwarf in rasanter Folge seine revolutionären Stahlrohrsessel und -hocker, es entstanden die bekannten

> »Wenn man sagen kann, dass Weimar sozusagen die Kindheit war, (...) so fing der Ernst des Lebens für das Bauhaus in Dessau an.«

TUT SCHLEMMER
Ehefrau von Oskar Schlemmer

Leuchten und der Aschenbecher von Marianne Brandt; als Hannes Meyer Gropius als Direktor ablöste, entwickelte man sparsame Möbel aus Sperrholz für den »Volksbedarf«. Die Bauhaustapeten wurden zum Verkaufsschlager. An den ständigen Geldsorgen vermochte das nichts zu ändern: Finanziell wie politisch war die Lage nie wirklich entspannt.

Das Bauhaus zog junge Menschen aus vielen Ländern nach Dessau, war ein Ideenlabor, ein Ort kreativer Experimente. »Versuchsstätte Bauhaus« ist deshalb der Titel der Dauerausstellung des Museums. Sie zeigt genau das: wie gelehrt und gelernt wurde, Talente sich befruchteten, welche Fragen man sich stellte. Wie Alltag und Arbeit in einer Schule aussahen, die Kunst

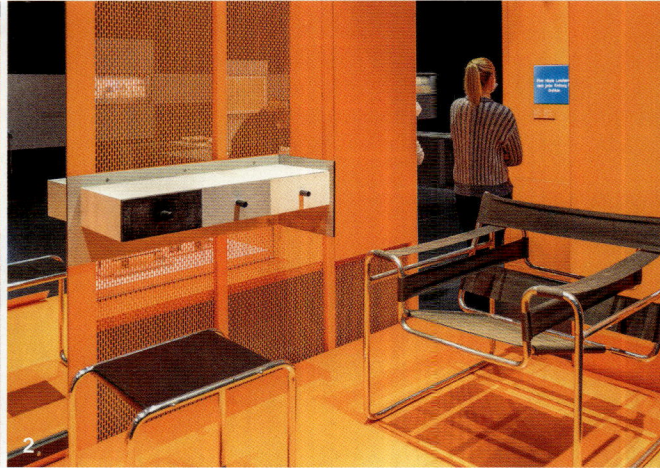

In Dessau gab sich das Bauhaus eine neue Richtung und schuf Prototypen für die industrielle Fertigung. Unter dem Motto »Horizont Fabrik« zeigt das Museum ikonische Werke dieser Phase wie die Stühle von Franz Ehrlich **(1)** oder die Möbel vor Marcel Breuer **(2)**

als Teil des Lebens begriff und nicht nur die Dinge, sondern das Dasein selbst neu gestalten wollte, mit allen Mitteln, die man zur Verfügung hatte, offen für alle Einflüsse. Ausdruck dieser Haltung war auch die Bühne, der Gropius samt Auditorium einen Platz im Zentrum des Bauhausgebäudes gab. Hier wurden eigene Inszenierungen aufgeführt, Dichter, Musiker, Tänzer waren zu Gast, Wissenschaftler hielten Vorträge.

So etwas wie ein Pendant dazu soll heute die Offene Bühne im Erdgeschoss des Museums sein – sein »Markenzeichen«, wie González sagt. Addenda architects zögerten keinen Moment, als der Wettbewerb ausgeschrieben war: »Solche Gelegenheiten sind sehr selten – es war sofort klar, dass wir teilnehmen würden, und nicht um es zu versuchen, sondern um zu gewinnen.« Wie das Kollektiv den Entwurf entwickelte, wäre im Bauhaus sicher auf Zustimmung gestoßen: Jeder brachte Ideen ein, an denen gemeinsam gearbeitet wurde, schließlich bezog man noch Ingenieure, Verleger und Kuratoren mit ein. Als die Architekten merkten, wie groß die Konkurrenz war, dass mehr als 800 Büros aus aller Welt teilnahmen, überlegten sie, wie ihr Vorschlag noch mehr an Überzeugungskraft gewinnen könnte – und reduzierten ihn noch stärker auf seine Essenz.

Unter den Einreichungen waren viele Kuben, à la Bauhaus, aber in der ersten

Mit dem Entwurf gelingt ein Spagat: Addenda architects wollten weder den Kontrast zu den klassischen Bauhaus-Kuben noch das direkte Gropius-Zitat. Ihre Anspielungen an die wegweisende Schule sind so elegant wie subtil

Runde landete gleichauf mit addenda architects ein extravaganter Entwurf eines New Yorker Büros, der manche an die Mützen der Schlümpfe denken ließ, andere an Thermoskannen. Die Sieger wollten weder so einen spektakulären Kontrapunkt, noch das direkte Gropius-Zitat; doch Anspielungen an das Bauhausgebäude gibt es: Die Black Box liegt wie eine Brücke auf zwei Treppenkernen, und eine Brücke schlägt auch Gropius' Bau über die Straße.

Als das Bauhausgebäude am 4. Dezember 1926 eröffnet wurde, war das Interesse immens. Eindrucksvolle Fotografien gingen um die Welt – vor allem von dem atemberaubend transparenten Werkstattflügel mit seiner Fassade aus geschliffenem Spiegelglas; Zeitungen schrieben von einem »Riesenlichtkubus«. Im Dunkeln schien er, weil auf zurückgesetztem Sockel errichtet, in der Luft zu schweben, schwerelos. Schon damals setzte ein Strom von Besuchern ein. Doch so effektiv die gläserne Vorhangfassade den Geist der Schule ausdrückte, es hatte seinen Preis: Im Sommer herrschte in den Werkstatträumen brütende Hitze, im Winter waren sie nicht warm zu bekommen.

Ein Jahrhundert technischer Innovation später hat das neue Museumsgebäude dreifachverglaste Scheiben mit einer besonderen Bedruckung zum Sonnenschutz, einem

Das Herzstück des Museums ist die Black Box.
Ausstellungsfläche: 1500 Quadratmeter – Länge: 100 Meter –
Breite: 18 Meter. Der Riegel schwebt 5 Meter über den Köpfen der
Besucher, zu sehen sind dort mehr als 1000 Exponate

Köpfe mit neuen Ideen hinter alten Tapeten:
Das Museum feiert das Bauhaus als Ort
der Experimentierfreude. Die Fotocollage zeigt
Schüler des Vorkurses 1927/28

Baukosten: 28 Millionen Euro – Einreichungen von Entwürfen beim Architekturwettbewerb: 831 aus über 60 Ländern – Dreifachverglaste Scheiben: 571 – Raum für Wechselausstellungen im Erdgeschoss: 600 Quadratmeter

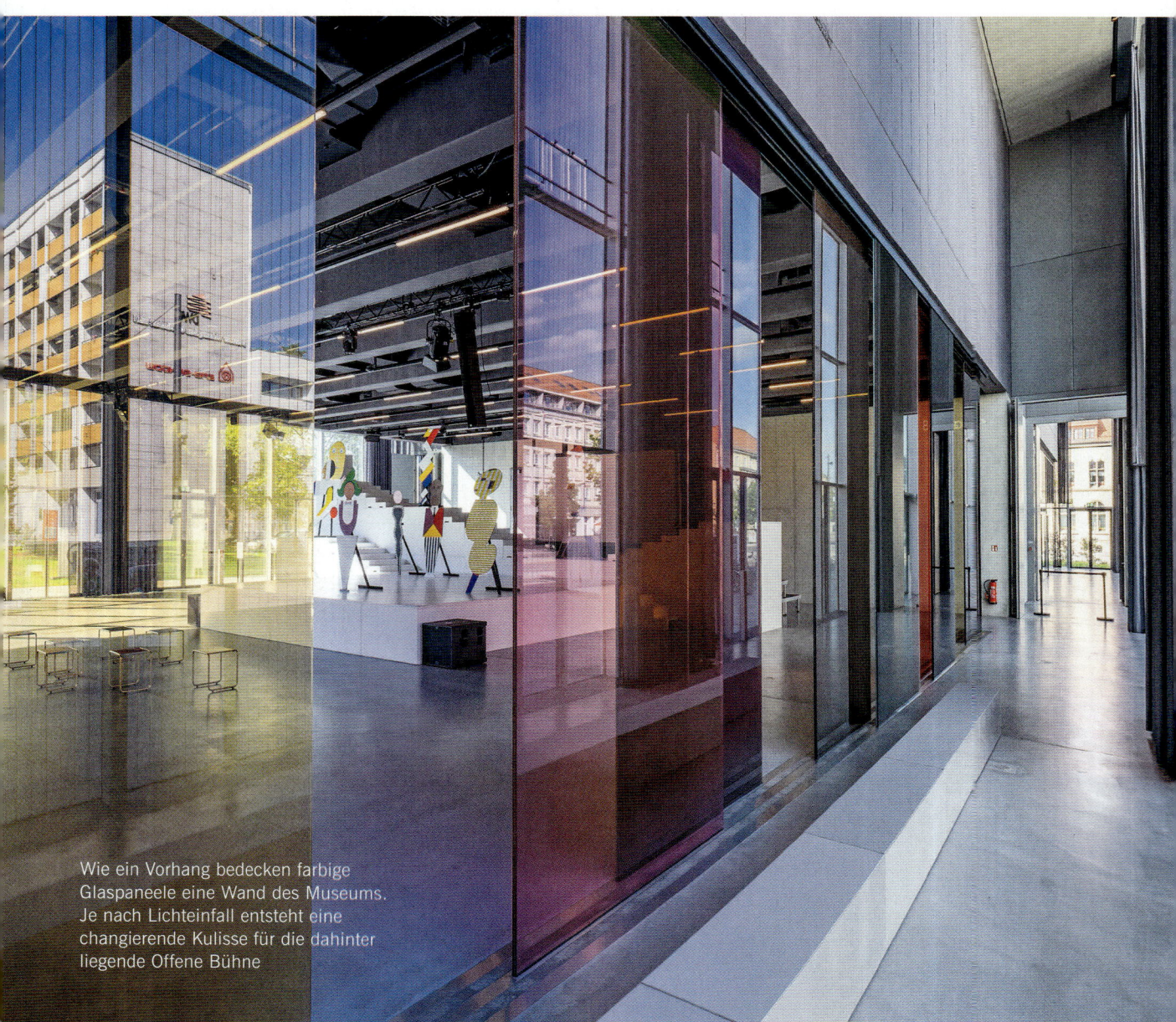

Wie ein Vorhang bedecken farbige Glaspaneele eine Wand des Museums. Je nach Lichteinfall entsteht eine changierende Kulisse für die dahinter liegende Offene Bühne

Die ganze Vielfalt des Bauhauses in einer Sammlung: **1** Die Raumkugeln von Konrad Püschel sind verblüffende Konstruktionen. **2** Die Farb- und Musterwelten des Bauhauses zeigen die Teppiche von Gunta Stölzl (links) und Margaretha Reichardt (hinten)

FOTOS: PIUS PAHL, VG BILD-KUNST, BONN 2022, ADDENDA ARCHITECTS

metallisch beschichteten Wärmeschutzvorhang und aufgeklebten Streifen, damit nicht massenweise Vögel ihr Leben daran lassen. Wie groß das Gebäude werden sollte, legte der Entwurf zunächst nicht fest – nur die Maße der Black Box waren durch die geforderte Ausstellungsfläche vorgegeben. Zeit und Geld waren die bestimmenden Faktoren: Das Gebäude wurde so groß, wie die Mittel es erlaubten. Wobei Kosten (28 Millionen Euro) und Bauzeit (knapp zweieinhalb Jahre) für ein Projekt dieser Dimension nicht großzügig waren. Doch addenda architects sind in der »Age of Less« zu Hause: Vier der fünf haben ihr Studium 2007 und 2008 abgeschlossen, als Spanien gerade in eine tiefe Wirtschaftskrise stürzte. Seitdem werde Architektur in ihrem Land »mit wenig Ressourcen, aber großer Ambition gemacht«, sagt González. Was an den Bauhausmeister Josef Albers denken lässt, der die Studierenden ermahnte: »Wir können es uns nicht leisten, Material und Zeit zu verschwenden. (...) Denken Sie daran, dass Sie oft mehr erreichen, indem Sie weniger tun.«

1931 wurde die NSDAP stärkste Fraktion in Dessau, im Herbst darauf war die Auflösung des Bauhauses beschlossen. Zum angedrohten Abriss kam es glücklicherweise nicht. Ludwig Mies van der Rohe führte die Schule noch bis 1933 als private

Aus Barcelona zum Bauhaus
Der Entwurf der fünf Kreativen
von addenda architects
überzeugte die Jury

Bauhaus Museum Dessau
Mies-van-der-Rohe-Platz 1
bauhaus-dessau.de

Einrichtung in Berlin weiter, dann war ihre Geschichte nach nur 14 Jahren zu Ende.

In der DDR hat man das Bauhaus-Erbe lange ignoriert, erst 1976 wurde Gropius' Gebäude restauriert und der Grundstein der Sammlung gelegt. Man musste bei null anfangen, doch die Dessauer Sammlung wuchs schnell, und als der 100. Geburtstag des Bauhauses am Horizont auftauchte, fiel die Entscheidung für ein Museum. Pünktlich zum Jubiläum war 2019 Eröffnung. Im Jahr darauf wählte die deutsche Sektion des Internationalen Kunstkritikerverbands das Haus zum »Museum des Jahres« und hob dabei die »geglückte Stadtreparatur« hervor.

Fragt man Roberto González, was er an dem Bau besonders schätzt, ist die Antwort: »Seine Beziehung zur Umgebung.« Er steht gerne in der Mitte unter der Black Box, schaut zur Stadt und zum Park hinaus und beobachtet, wie das Leben von einer Seite zur anderen fließt. Wenn er dann bei Einbruch der Dunkelheit nach draußen geht und durch die Glashülle das Geschehen im Innern sieht, dann erscheint ihm das Museum »wie eine Laterne voller Aktivität«.

Barbara Baumgartner *war begeistert vom Enthusiasmus der spanischen Architekten. Sie war beeindruckt, wie die begrenzten Mittel die Architekten nicht bremsten, sondern deren Projekt eher beflügelten.*

Zwischen klaren Linien und sanften Auen

Das Bauhaus prägt Dessau bis heute, aber die Stadt an der Elbe hat noch mehr zu bieten als wegweisende Architektur: lauschige Ufer, gute Küche und kluge Köpfe

BAUHAUS

Mit seinem 1925/26 gebauten Bauhaus-Gebäude demonstrierte Architekt Walter Gropius eindrucksvoll seine Idee vom Neuen Bauen. Für seine neue Schule ordnete er drei L-förmige Trakte wie die Flügel einer Windmühle an. Den Westflügel ziert die berühmte Glasvorhangfassade, im Ostflügel mit seinen ikonischen Balkonen wohnten die Studierenden. Hier kann man heute im Bauhaus-Ambiente übernachten. Vom Grundriss bis hin zu den Möbeln: Der Zustand der Zimmer ist dicht am Original.
Gropiusallee 38, bauhaus-dessau.de

BAUHAUS-SIEDLUNG DESSAU-TÖRTEN

Die Siedlung im Süden Dessaus steht exemplarisch für den sozialen Wohnungsbau zwischen den Weltkriegen: 314 Reihenhäuser, helle, preiswert konstruierte Kuben, die für eine große Bevölkerungsschicht bezahlbar sein sollten. Dabei ragen die fünf Laubenganghäuser in der Peterholzstraße und der Mittelbreite heraus, die Ende der 1920er Jahre erbaut wurden. Aufmerksamkeit verdient auch das Stahlhaus von Georg Muche und Richard Paulick (Südstr. 5), auf dessen Stahlskelett-Konstruktion drei Millimeter starke Stahltafeln montiert wurden, die man von innen hintermauerte.
bauhaus-dessau.de

HISTORISCHES ARBEITSAMT

Das Arbeitsamt, gebaut in den Jahren 1928/29, ist die Antwort auf ein neues Massenphänomen der damaligen Zeit: Arbeitslosigkeit und die Vermittlung von Jobs. Der Entwurf von Walter Gropius lässt durch das gläserne Sheddach viel Licht ins Innere des halbkreisförmigen Baus, der durch die Anordnung der Eingänge und Warteräume den damaligen Strom der Besucher kanalisierte.
August-Bebel-Platz 16, bauhaus-dessau.de

TECHNIKMUSEUM HUGO JUNKERS

Das Museum wirft – jenseits vom Bauhaus – einen anderen Blick auf die Moderne: In der 4200 Quadratmeter großen Halle wird auf charmante Art dem Wirken und Leben des Ingenieurs Hugo Junkers gehuldigt. Zu sehen sind Konstruktionen seiner Motoren, ein riesiger Windkanal und ein Kalorimeter, die Basis für seine Erfindung des Durchlauferhitzers. Hauptattraktion ist eine restaurierte JU-52, Junkers' dreimotoriges Flugzeug.
Kühnauer Str. 161 a
technikmuseum-dessau.org

JOHANNBAU

Einst stand hier das Dessauer Residenzschloss, ein Bau der Frührenaissance, der bei Bombenabwürfen im Zweiten Weltkrieg weitgehend zerstört wurde. Einzig der Westflügel, der etwa 1530 erbaute Johannbau, blieb als Ruine erhalten. Wiederaufgebaut und restauriert, beherbergt er seit 2005 das Stadtmuseum. Auf drei Etagen geben Exponate einen Einblick in Dessaus rund 800-jährige Geschichte. Zu sehen ist auch ein Modell der 1938 zerstörten Synagoge. Schloßplatz 3 a

Tobi ornot ToBe

Im Restaurant von Tobias Felger geht es stets kreativ zu: bei der Dekoration der Tische (Schallplatten als Untersetzer), auf dem Teller mit frisch interpretierter Regionalkost. 2017 gewann er den Wettbewerb »Regionalgericht Anhalt«. Logisch, dass das Gourmet-Magazin »Der Feinschmecker« sein Lokal lobend erwähnt.
Johannisstr. 14, tobiornotto.be

Café Mrosek

Seit über 70 Jahren ist die Konditorei eine Institution in Dessau. Sich durchs Angebot zu naschen, ist ein Muss, unbedingt probieren sollte man die Klassiker Nusstorte, Streuselkuchen und die Torfsteine: Wiener Biskuit mit Vanillecreme, umhüllt von Schokolade und Trüffelstreuseln.
Askanische Str. 52
konditorei-mrosek.de

Kornhaus

Man kann hier essen und trinken, aber darum geht es den meisten nicht: Ins »Kornhaus« am Elbufer kommt man wegen der Aussicht! Man blickt auf den sanft fließenden Fluss und die malerische Auenlandschaft. Und nicht zu vergessen: Das Kornhaus, 1930 erbaut, ist ein Bauhaus-Schmuckstück.
Kornhausstr. 146, kornhaus-dessau.de

1 Bauhaus-Stil in Bestlage: Das »Kornhaus« an der Elbe ist ein beliebtes Ausflugslokal
2 Die Entscheidung für noch ein Glas fällt leicht: Weinabend im »Tobi ornot ToBe«
3 Von Walter Gropius erdacht: Meisterhaus für Oskar Schlemmer und Georg Muche

Zu Hause bei den Meistern der Moderne

Nach dem Umzug des Bauhauses von Weimar nach Dessau lässt Walter Gropius 1925/26 drei Doppelhäuser für seine berühmten Lehrer und ein Einzelhaus für sich als Direktor errichten. Unweit der Bauhaus-Schule entstehen weiße kubische Gebäude mit gleichem Grundriss, flachen Dächern, Terrassen und verglasten Ateliers. Hier leben und arbeiten die Künstler mit ihren Familien: Paul Klee und Wassily Kandinsky, Georg Muche und Oskar Schlemmer, László Moholy-Nagy und Lyonel Feininger. 1931 stellen die Nationalsozialisten die Mehrheit in

Dessaus Stadtverwaltung, die Bauhaus-Schule muss einige Monate später schließen, es folgt eine letzte Station in Berlin, 1933 wird auch diese auf Druck der NSDAP aufgelöst. In den letzten Wochen des Zweiten Weltkriegs zerstören Bomben Moholy-Nagys Haushälfte sowie Gropius' Direktorengebäude – den Rest erledigt die DDR: Auf das Fundament von Gropius' Haus setzt man ein Einfamilienhaus (und reißt es später wieder ab), die verbliebenen Häuser baut man bis zur Unkenntlichkeit um. Seit 2000/2001 sind die Häuser Klee/

Kandinsky und Muche/Schlemmer restauriert, die Gebäude »Gropius« und »Moholy-Nagy« werden 2014, reduziert auf ihre reine Bauform, wieder aufgebaut. Auch die Trinkhalle, von Ludwig Mies van der Rohe 1932 in die Gartenmauer gesetzt und in den 1960er Jahren abgerissen, steht heute wieder an ihrem alten Platz. Für Bauhaus-Liebhaber sind die Meisterhäuser ein Muss und bieten gerade, was Farbgestaltung und Mobiliar betrifft, einen guten Einblick ins Leben der Bauhaus-Lehrer.

Ebertallee 59–71, bauhaus-dessau.de

48

STUNDEN IN

Magdeburg

Kein Weg führt in der Landeshauptstadt vorbei am Dom und am Elbufer. Was man obendrauf unbedingt gesehen haben sollte, verrät einer von Magdeburgs kreativsten Köpfen: Maler, Grafiker und Illustrator **Max Grimm**

Picknick im Abendlicht:
Auf den Uferwiesen lässt es sich
wunderbar entspannen – im
Blick die Elbe und Magdeburgs
Wahrzeichen, den Dom

FOTO: PETER HIRTH

Die Galerie Grimm ist ein beliebtes Motiv von Max Grimms Werken. Schließlich hat der Magdeburger Künstler zu dem Gebäude eine lange Beziehung: Er ist darin aufgewachsen

Max Grimm, *Jahrgang 1986, lebt seit seiner Geburt fast ununterbrochen in der Landeshauptstadt. Der frühere Waldorfschüler, gelernte Grafikdesigner und seit über zehn Jahren freischaffende Künstler hat sich mit seinen bunten, vielschichtigen Bildern und Fassadenmalereien nicht nur in seiner Heimatstadt öffentlich gezeigt, sondern auch in Magdeburgs Partnerstädten Saporoshje (Ukraine), Le Havre und Nashville.* max-grimm.de

Bauboom! Das fällt mir spontan ein, wenn man mich nach der Entwicklung von Magdeburg fragt. Gefühlt wird gerade in jeder Lücke was Neues hochgezogen, wir sind eine absolut lebendige, lebenswerte Stadt. Und doch gibt es aus optisch-künstlerischer Sicht neben guten Projekten wie der Erneuerung der Stadtfestung auch Kritisches anzumerken, gerade in der Innenstadt. Das neue AirBNB direkt gegenüber dem Kulturhistorischen Museum ist keine Augenweide. Mein Wunsch wäre, ein bisschen mehr einfallsreichere Architektur zu wagen.

Allerdings bietet gerade die elbnahe Altstadt etliche Highlights. Am 800 Jahre alten **Dom** als Wahrzeichen der Stadt kommt eh niemand vorbei – meine Lieblingsecke finden Sie, wenn Sie im hinteren Teil des Doms durch eine kleine Tür rausgehen und sich im atriumartigen Garten mit Säulengang wiederfinden. Auch ansehenswert: das Kunstmuseum **Kloster Unser Lieben Frauen** mit seinem schönen Skulpturengarten.

Direkt neben dem Dom liegt das **Hundertwasserhaus,** das hier nur die »grüne Zitadelle« genannt wird – denn wenn man von oben draufguckt, sieht man nur das begrünte Dach. Drinnen in diesem einmaligen Gebäude

gibt es Führungen, kleine Läden und auch die wunderbare Buchhandlung **Fabularium,** in der ich alle meine Bücher bestelle. Von da aus ist es nicht weit zum **Hasselbachplatz,** der mit seinen restaurierten Gründerzeithäusern ein ensemblegeschütztes Denkmal glorreicher Zeiten bildet. Im schnuckeligen **Café Neuzeit** in der nahen Fußgängerpassage kriegt man super Kuchen und den besten Coffee to go Magdeburgs. Oder Sie stärken sich im nahen Restaurant **Hoflieferant:** Dort sitzt es sich sehr gemütlich im Souterrain, direkt neben den alten freigeräumten Festungsanlagen.

Ein kleiner Spaziergang führt Sie nun elbaufwärts, zunächst in die **Schweizer Milchkuranstalt:** Der gemütliche Bar-Biergarten mit Elbblick vor der Stadtmauer ist eine heimliche Institution! Über die Sternbrücke geht es weiter auf die Elbinsel in den **Stadtpark Rotehorn:** ein gigantischer Park, in dem es sogar einen Wasserfall sowie einen Stadtstrand gibt, an dem man seine Füße in den Flussarm »Taube Elbe« halten kann, der die Insel durchquert. Gastronomisch mag ich dort das **Le Frog** mit seinem Biergarten, interessant ist auch der vom bekannten Architekten Albin Müller gebaute Aussichtsturm. Ein Hingucker als abgefahrenes Bauwerk: die über

SCHLOSS HUNDISBURG

Gut 30 Kilometer vom Magdeburger Zentrum entfernt liegt, nahe Haldensleben, das über tausend Jahre alte, liebevoll restaurierte Schloss mit seinem alten Barockgarten und gleich zwei sehenswerten Kunstsammlungen. Das kleine Gärtnerhaus, die frühere Orangerie, taucht als Motiv öfter in Grimms Bildern auf. Hundisburg, Schloss 1 schloss-hundisburg.de

1 Die Schweizer Milchkuranstalt gilt als einer der schönsten Biergärten der Stadt 2 Das Restaurant Hoflieferant hat ebenfalls einen Garten, in dem es sich gut aushalten lässt 3 Das Kloster Unser Lieben Frauen ist die Heimat des Kunstmuseums Magdeburg

1 **Das Hundertwasserhaus** wird auch »grüne Zitadelle«
genannt – aus der Vogelperspektive erkennt man sofort warum
2 **Brewckau** heißt die Craft-Beer-Brauerei samt Brauhaus,
die der eigentlich gelernte Zahntechniker Robert Kellermann
(Foto) gründete **3 Der Mückenwirt** hat nicht nur eine der coolsten
Terrassen an der Elbe – er vermietet auch ein eigenes Floß

ADRESSEN

Dom
Am Dom 1
magdeburgerdom.de

Kloster Unser Lieben Frauen
Regierungsstr. 4-6
www.kunstmuseum-
magdeburg.de

Hundertwasserhaus
Breiter Weg 10
gruene-zitadelle.de

Fabularium
Breiter Weg 10
fabularium.de

Hasselbachplatz
hasselbachplatz-magdeburg.de

Café Neuzeit
Einsteinstr. 12

Hoflieferant
Fürstenwall 3 b
restaurant-hoflieferant.de

Schweizer Milchkuranstalt
Schleinufer 8
milchkuranstalt.de

Stadtpark Rotehorn
Heinrich-Heine-Platz
magdeburg-tourist.de/stadtpark

Le Frog
Heinrich-Heine-Platz 1
www.lefrog-md.de

Hyparschale
Heinrich-Heine-Platz
magdeburg.de/
FörderungfürHyparschale

Mückenwirt
An der Elbe 14
mueckenwirt.de

Brewckau
Schönebecker Str. 16
brewckau.de

Werk4
Brauereistr. 4
werk4-md.de

Galerie Grimm
Jean-Burger-Str. 2
max-grimm.de

Kaffeerösterei Kröm
Alt Westerhüsen 41
kaffeeroesterei-magdeburg.de

Hafen Alte Neustadt
Hafenstr., Niels-Bohr-Str. 51
mebf.de

Röstfein
Hafenstr. 9
roestfein.de

Elbauenpark
Tessenowstr. 7
elbauenpark.de

Rayonhaus
Steinigstr. 1 A

50 Jahre alte Mehrzweckhalle **Hyparschale**, sie stand lange leer und wird gerade saniert – irgendwie auch ein Wahrzeichen!

Früher habe ich direkt mit Elbblick gewohnt, im etwas südlicher gelegenen Viertel Buckau. Einst klassischer Arbeiterstadtteil, hat er sich längst Richtung »hip« gemausert. Ziemlich cool liegt direkt am Wasser der **Mückenwirt,** da kamen früher hauptsächlich Studenten hin, heute geht es eher auf Masse, aber ein schöner Platz ist es immer noch. Es lohnt auch der Abstecher zum **Brewckau** – unsere lokale Brauerei hat gerade ein extra Bier gemeinsam mit Kollegen in Magdeburgs Partnerstadt Le Havre gebraut, da habe ich mir ein paar Kisten von mitgebracht. Und spannend ist das **Werk4** – eine von Künstlern wieder urbar gemachte Industriebrache. Manchmal gibt es Ausstellungen und Vernissagen, sonst einfach mal neugierig klopfen und nachfragen, wenn man da ist! Unsere eigene **Galerie Grimm** liegt im Lennéviertel und kann mit Voranmeldung jederzeit besichtigt werden. Ich stamme ja aus einem Künstlerhaushalt, es gibt dort viele Druckgrafiken meines Vaters, natürlich auch Bilder und Siebdrucke von mir, aber ebenfalls Skulpturen anderer Magdeburger Künstler sowie Werke etwa von Feliks Büttner,

der den bekannten AIDA-Mund erschaffen hat, diese rote geschwungene Schnute am Bug der Kreuzfahrtschiffe. Apropos Signaleffekt: Für die feine **Kaffeerösterei Kröm** noch etwas weiter im elbnahen Süden der Stadt entwerfe ich manchmal besondere, künstlerische Etiketten, etwa für den Kenia-Kaffee.

An der Elbe findet sich noch ein weiteres cooles Gebiet, der **Hafen Alte Neustadt.** Der Verein dort im Wissenschaftshafen restauriert alte Loks, die sich gut bestaunen lassen. Die Kaffeemanufaktur **Röstfein** in der Nähe bietet tollen Kaffee im Werksverkauf, von da aus lohnt der Weg in den **Elbauenpark:** Früher war das ein von den Russen besetztes Militärgelände mit Häusern des bekannten Architekten Heinrich Tessenow, heute ist es schön neu hergerichtet. Und etwas Besonderes wartet zum Schluss in der Innenstadt: ein Besuch im **Rayonhaus** – die Kneipe darin hat viel Flair. Früher waren die Rayonhäuser, von denen es in der Stadt noch einige gibt, ganz einfache Häuser aus Holz und Stein direkt vor der Stadtmauer, die bei einem drohenden Angriff auf die Stadt einfach schnell abgebaut und versetzt werden konnten! Wir Magdeburger wussten uns halt schon immer klug zu wehren …

Protokoll: Jochen Harberg

FOTOS: ANDREAS LANDER/MAGDEBURG MARKETING, MICHAEL PALATINI

2

3

Wo Neo Rauch groß wurde und ein Kiosk Kunst macht

Es muss nicht immer Welterbe sein: Gerade kleinere Kunst-Häuser machen das Land für Kulturliebhaber interessant. Berühmte Namen oder Newcomer: Sie haben die Wahl!

GRAFIKSTIFTUNG NEO RAUCH

Neo Rauch, mittlerweile über 60 Jahre alt, braucht man eigentlich kaum noch vorzustellen: Die Werke des All-Stars der Neuen Leipziger Schule hängen im Museum der bildenden Künste Leipzig ebenso wie im New Yorker Museum of Modern Art. Und: Er hat sogar drei Fenster im Naumburger Dom gestaltet (siehe S. 108). Eher unbekannt ist, dass der Künstler, in Leipzig geboren, bei seinen Großeltern aufwuchs – in Aschersleben, Sachsen-Anhalts ältester Stadt, dem »Tor zum Harz«. Im Jahr 2012 gründet Neo

Rauch hier mit Gerd Harry Lybke und Kerstin Wahala von der Galerie Eigen + Art unter Beteiligung der Stadt eine Stiftung: Seitdem wird seine Kunst in einem hellen Gebäude im Bestehornpark mitten in Aschersleben ausgestellt. Von jeder Grafik, die Rauch seit 1993 angefertigt hat, und von jeder, die in Zukunft noch entsteht, wandert ein Exemplar hierher. Einmal im Jahr widmet sich die Stiftung dem Werk eines anderen Künstlers – im Kontrast zu Rauchs Schaffen.

Aschersleben, Wilhelmstr. 21-23
grafikstiftungneorauch.de

MAX-KLINGER-HAUS

1903 kaufte sich Max Klinger in Großjena ein Haus mit Weinberg, dort lebte er ruhig und neugierigen Blicken entzogen in wilder Ehe mit seinem Modell, der Schriftstellerin Elsa Asenijeff – ein Skandal. In Großjena konnte Klinger in Ruhe seiner Kunst nachgehen: Bis zu seinem Tod 1920 schuf er hier zahlreiche Radierungen, darunter den Zyklus »Das Zelt«. Das Haus auf dem Weinberg widmet sich heute seinem Lebenswerk. Highlights sind eine seltene Nietzsche-Büste und zwei Kachelöfen, die Klinger selbst ent-

Der Kiosk am Reileck ist Halles wohl kleinster, aber buntester Kunstraum (links). In Aschersleben zeigt Neo Rauch seine Grafiken in einer eigenen Stiftung

worfen und geformt hat, auch dann noch, als er wegen seines Schlaganfalls nur eine Hand bewegen konnte.
Naumburg-Großjena, Blütengrund 3

KIOSK AM REILECK

Halles wohl kleinster Kunstraum steht am Reileck, an der Ecke Händelstraße und Bernburger Straße: ein Kiosk, Bautyp K 600, rund vier Quadratmeter groß. Wo früher Zeitungen und Magazine verkauft wurden, wird seit 2009 Kunst gemacht und ausgestellt, angetrieben vom Verein »hr. fleischer«, der den Pavillon bespielt. Zu sehen sind audiovisuelle Installationen, Performances – und auch schon mal eine Ausstellung rund ums Schachspiel. Ein Ort für jedermann. Wie ein Kiosk.
Halle, Händelstr. 1 a, herrfleischer.de

HO-GALERIE

Erst vor Kurzem ist die HO-Galerie umgezogen, aus dem Stadtteil Westerhüsen in das Zentrum von Magdeburg. Den Namen haben die Künstler aber mitgenommen. Ihre Galerie heißt wie der Kaufladen, in dem sie untergebracht war: nach der »Handelsorganisation« der DDR, der HO. Nun soll es in der Innenstadt mit Skulpturen und Malerei, Keramiken und Grafiken weitergehen.
Magdeburg, Ulrichplatz 6, dieho.de

KUNSTHALLE TALSTRASSE

Absolventen der berühmten Hallenser Kunsthochschule gründeten 1991 einen Kunstverein. Nur einen Steinwurf von der Burg Giebichenstein entfernt, werden hier heute auf etwa 600 Quadratmetern ihrer Kunsthalle, einer hübschen spätklassizistischen Villa samt modernem Anbau, wechselnde Ausstellungen gezeigt. Dabei spannt sich der Bogen von der Fotografie über die Bildhauerei und die Malerei bis zur Architektur.
Halle, Talstr. 23, kunstverein-talstrasse.de

KUNSTMUSEUM MAGDEBURG

Das Museum ist ein Klassiker der modernen Kunst in Sachsen-Anhalt. 1975 eröffnet, erstrecken sich seine Ausstellungsräume heute über fünf Etagen in Magdeburgs ältestem Bauwerk, dem Kloster Unser Lieben Frauen. Die Sammlung ist umwerfend: Sie reicht von historischen Skulpturen bis zur zeitgenössischen Kunst mit ihren Videos, Installationen, Gemälden und Grafiken, darunter Werke von Hartwig Ebersbach, Jenny Holzer oder Leiko Ikemura. Um das Museum schmiegt sich ein Skulpturenpark mit Bronzeplastiken und geometrischen Konstruktionen. Auch die Lichtinstallation von Maurizio Nannucci gehört dazu, die sich unweit vom Museum über eine Brücke spannt. Leuchtend rot und blau erstrahlt dort der Schriftzug »Von soweit her bis hierhin/ Von hier aus noch viel weiter«.
Magdeburg, Regierungsstr. 4-6
kunstmuseum-magdeburg.de

DER DOM UND SEINE GEHEIMNISSE

Um das Jahr 1215 beginnt in Naumburg ein
Projekt für die Ewigkeit, heute zählt der Dom zu den
prachtvollsten Gotteshäusern Europas.
Zu verdanken ist das besonders dem »Naumburger Meister«,
einem Genie, dessen Identität im Dunkeln liegt

TEXT **SAMUEL RIETH** FOTOS **LUKAS SPÖRL**

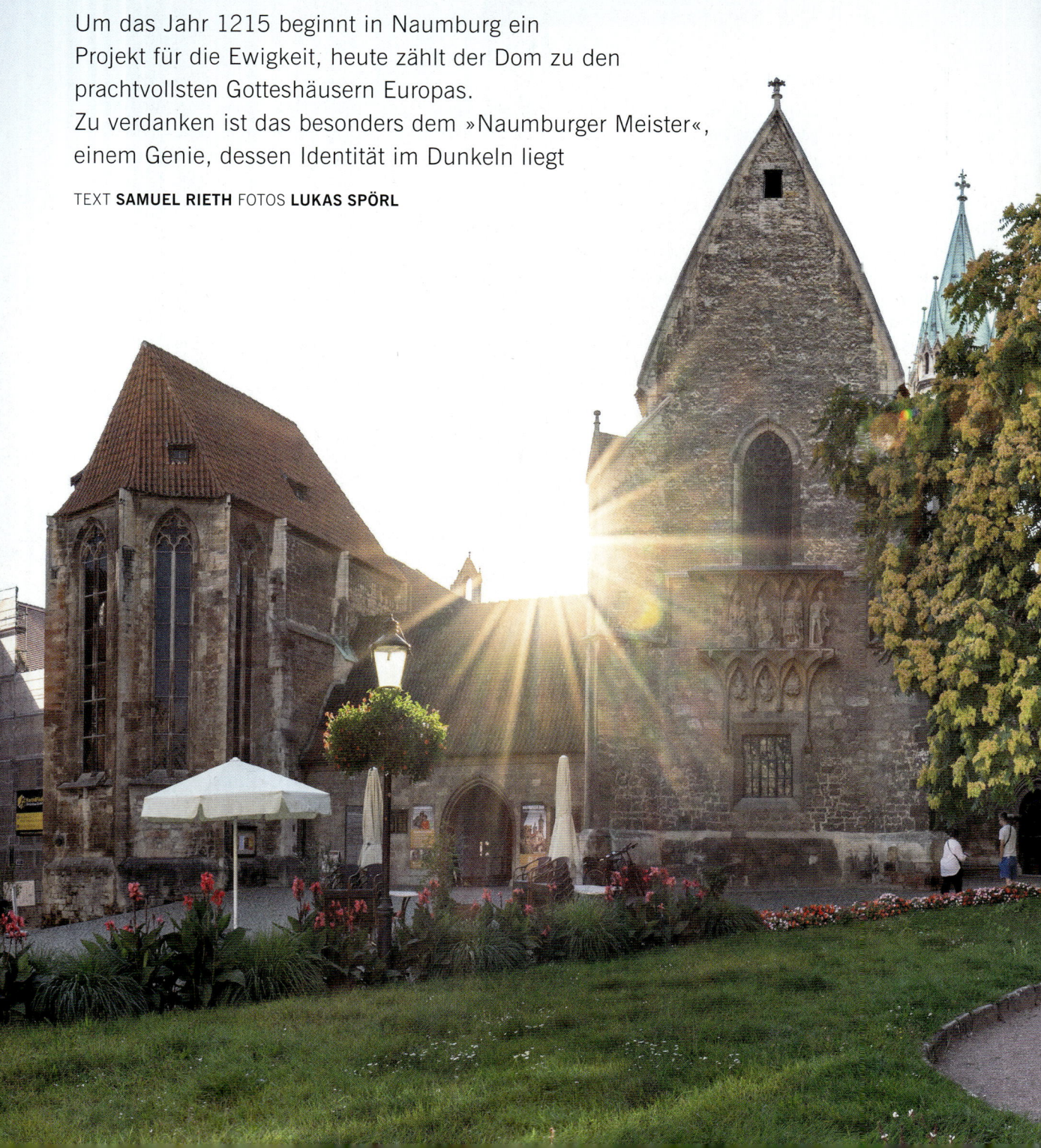

»WIR SIND EINE GENERATION VON VIELEN VOR UNS UND NACH UNS. DAS SPRENGT JEDE HYBRIS«

Erhaben und unbeirrt steht der Dom in Naumburg, streckt seine Türme in den Himmel über der Stadt, ein Monument aus Kalkstein und Gottesfurcht, das Geschichten erzählt und Geheimnisse birgt. Feuer und Kriege hat er überdauert. Sauren Regen sowie den unweigerlichen Verfall alles Irdischen, jahrhundertelang. In dieser Zeit hat er unzählige Gläubige, Neugierige und Staunende empfangen, womöglich ein Dutzend Hochgeborene vor dem Fegefeuer gerettet und einen Disney-Film inspiriert.

Im 11. Jahrhundert stand hier noch eine eher bescheidene Kathedrale. Doch um 1215 machte sich ein Heer von Steinmetzen, Arbeitern und Kunsthandwerkern daran, im Auftrag des Naumburger Bischofs ein neues Gotteshaus zu errichten – glanzvoller und etwa doppelt so groß. Zu Ehren des Allmächtigen und im festen Glauben, dass ihr Dasein mit dem Tod nicht endet, sondern jedem danach unbefristete Erlösung oder Verdammnis blüht.

So wuchs zwischen ausklingender Romanik und früher Gotik ein Prachtwerk empor, mit einer dreischiffigen Basilika, je einem Chor an den beiden Schmalseiten, begrenzt von kunstvoll verzierten Lettnern: die Kirche St. Peter und Paul, wie ihr offizieller Name lautet.

»Wir gehen davon aus, dass unser Leben 70, 80 Jahre dauert«, sagt die Hüterin des Doms. »Die haben für die Ewigkeit gedacht und gebaut.« Dombaumeister nannte man im Mittelalter die Männer, die den Bau solch gewaltiger Kirchen leiteten. Dombaumeisterin, so heißt auch das Amt der Frau, die seit 2011 in Naumburg die Schöpfung ihrer Vorgänger bewahrt. Die Architektin Regine Hartkopf berät die Stiftung, der die Kirche gehört; beobachtet, prüft, vergleicht. Welche Schäden sind alt, welche neu, wo droht akute Gefahr? Im Zuge eines Großprojektes sind bis vor rund zwei Jahren einige der mit Glasmalerei geschmückten Domfenster restauriert worden. Dabei hat man die östliche Fassade von der schwarzen Kruste befreit, die ihr saurer Regen und Umweltverschmutzung beschert hatten und die den Stein darunter anzugreifen drohte.

Unzählige Male hat Hartkopf den Dom schon besichtigt, beim ersten Besuch war sie noch ein Kind. Mit ungebrochener Faszination kann sie etwa von der »großen Kraft und Stille« des Kruzifixes in der Krypta schwärmen. Kaum jemand kennt ihn so gut wie sie. Doch auch vor ihr hat der Dom seine Geheimnisse.

Zu den größten Rätseln zählt die Identität jenes genialen Bildhauerarchitekten, der ihn geprägt hat wie wohl kein zweiter Künstler. Auch anderswo hat er Spuren hinterlassen, in Reims und Amiens womöglich, in Mainz und Meißen. Hier in Naumburg aber hat er sein Meisterwerk vollbracht. Und weil sein Name verloren gegangen ist im Nebel der Geschichte, nennt man ihn nur den »Naumburger Meister«.

Ein »Michelangelo vor Michelangelo« muss er gewesen sein, sagt der Stiftungsdirektor Holger Kunde. Mit seiner Werkstatt hat der

FOTO: TOBIAS RITTER

DER STAR DES
DOMS IST EINE
RÄTSELHAFTE
FRAU: DIE
SCHÖNE UTA

UTA VON NAUMBURG lebte
im 11. Jahrhundert. Dank
ihrer Statue des »Naumburger
Meisters« gilt sie als »schönste
Frau des Mittelalters«

Meister den Maria geweihten Westchor des
Doms geschaffen. Ein Ensemble aus Architektur, Skulptur und Glasmalerei, dessen Bestand-
teile sich zu einem Gesamtwerk zusammen-
fügen. Aus Stein gehauene Blätter unterschied-
lichster Pflanzen zieren dort die Säulen – »wie
ein botanisches Lehrbuch aus dem 13. Jahrhundert«, beschreibt Kunde sie. Eine Spezialität
des Ausnahmekünstlers aber war die Darstellung von Menschen: »Es ist einfach unfassbar,
wie es ihm gelungen ist, Emotionen, Mimik,
Gestik in Stein sichtbar werden zu lassen, als ob
es lebendige Persönlichkeiten wären.«

Davon zeugt auch der größte Star des Doms
– Uta, die angeblich schönste Frau des Mittelalters. Im 11. Jahrhundert war sie wohl Markgräfin von Meißen, als Statue ist sie zur Ikone
geworden. Geheimnisvoll auch sie: Von der einen Seite wirke Uta, als müsse sie sich zusam-
menreißen; als sei sie kurz davor, die Fassung
zu verlieren, sagt die Dombaumeisterin Regine
Hartkopf. Von der anderen Seite hingegen
sehe man eine »unglaubliche, gelassene, kon-
zentrierte, schöne Frau«.

Es ist dieser zweite Blick, den Fotografien
im frühen 20. Jahrhundert eingefangen und
Uta so berühmt gemacht haben. Später instru-
mentalisierten sie die Nationalsozialisten – als
urdeutsches Gegenbild zu vermeintlich »ent-
arteter« Kunst. Disney soll sich das Aussehen
der bösen Königin im »Schneewittchen«-
Zeichentrickfilm aus dem Jahr 1937 bei Uta
abgeschaut haben. Und der italienische Intellek-
tuelle Umberto Eco verkündete: Von allen
Frauen in der Geschichte der Kunst würde er
am liebsten mit Uta von Naumburg essen gehen

und einen Abend verbringen (gleichauf mit der
von Leonardo da Vinci gemalten »Dame mit dem
Hermelin«). Der Wirbel um die Statue verleitete
besonders zwischen 1925 und 1945 viele Eltern
dazu, ihre Töchter nach ihr zu taufen. Bis heute
versammeln sich regelmäßig zahlreiche Träge-
rinnen des Namens zum »Uta-Treffen« in
Naumburg.

Doch sie ist nur eine von zwölf Figuren im
Westchor, die zu den herausragenden Werken
mittelalterlicher Bildhauerei gehören. Zwölf, die
Zahl der Apostel, aber dieses Dutzend rekrutiert
sich weder aus biblischen Gestalten noch aus
Heiligen oder Geistlichen. Es sind ganz und gar
weltliche Adelige, die mit ihrem Vermögen bei-
trugen zum Bau der ursprünglichen Kathedrale.
Und als der heutige Dom entstand, wurden die
Stifter als Statuen verewigt, steinerne Erinne-
rungen, die Nachgeborene ermahnen sollten, für
das Seelenheil dieser längst Verstorbenen zu
beten. Alle Figuren haben ihre eigene Geschichte zu erzählen, sie wirken wie Persönlichkeiten mit Gefühlen, wie sie da im Halbrund stehen, entschlossen oder melancholisch, höfisch

DER OSTCHOR
mit dem mittelalterlichen Chorgestühl birgt kostbare Details: So spielen Affen Schach an einer der Kapitelle, und die Handläufe des Bildhauers Heinrich Apel (unten) erzählen Geschichten zum Anfassen

lächelnd, fromm, zornig oder kampfbereit die Hand am Schwert.

»Ein Meisterwerk menschlicher Schöpferkraft« nennt die UNESCO den Westchor. Mehr als 20 Jahre lang hat sich die Stiftung um die Aufnahme ihres Doms in die Welterbeliste bemüht, hat Anträge formuliert, überarbeitet, neu eingereicht. Dann endlich, im Sommer 2018, traf die frohe Botschaft in Naumburg ein. »Alle hingen hier an den Telefonen«, berichtet eine Stiftungsmitarbeiterin. »Dann läuteten die Glocken, und alle hatten Tränen in den Augen.«

Nachdem der Dom offiziell zum Weltkulturerbe erhoben wurde, stieg die Zahl der Besucher, von rund 124 000 im Jahr 2017 auf fast 148 000 im Jahr 2019. Mehr Touristen reisten aus dem Ausland an; aus Österreich und der Schweiz etwa, den Niederlanden, Italien, Frankreich, aber ebenfalls aus Russland und den USA.

Dann kam Corona. Eine Herausforderung nicht zuletzt für die Dombaumeisterin Regine Hartkopf, die sich auch mit den alltäglichen Fragen eines Touristenziels beschäftigt, wie etwa: Wo ist Platz für Schilder, wohin mit den Toiletten? Und nun plötzlich: Wie lässt sich der geschmälerte Besucherstrom so durch die Kirche lenken, dass sich die Wege nicht kreuzen? Für Hartkopf ist es die erste Pandemie ihrer Amtszeit, der Naumburger Dom hat schon Pest und Cholera miterlebt.

Der Kirche haftet etwas Zeitloses an, das trügerisch ist. Sie hat sich gewandelt im Lauf ihrer Geschichte; neue Generationen haben sie verändert, angepasst, mit ihren eigenen Vorstellungen geprägt. Von den einst rund 40 Altären etwa musste ab dem späten 17. Jahrhundert die Mehrzahl neuem Kirchengestühl weichen – die meisten sind inzwischen verschollen. Die beiden Chöre waren zur Barockzeit mit Aufbauten überfrachtet. Und der vierte Turm ist erst seit 1894 vollendet.

»Alles nur zu konservieren, das ist meiner Meinung nach grundfalsch«, sagt Hartkopf. »Entwicklung ist notwendig, sonst stirbt alles ab.« Sie finde es spannend, dem baulichen Erbe »ein bisschen Pep zu verleihen.« Wie bei der Vorhalle des Doms, die einen neuen Eingang brauchte, weil der alte aus DDR-Zeiten nicht barrierefrei war und, wie Hartkopf sagt, «technisch am Ende«: Heute befindet sich dort ein modernes Portal aus Glas und Stahl, mit einer rötlich schimmernden Bronzetür in der Mitte.

Am augenfälligsten treffen Moderne und Mittelalter in der Elisabethkapelle im Nordwesten des Bauwerks aufeinander: Drei Fenster aus leuchtend rotem Glas zeigen dort seit 2007 Szenen aus dem Leben der heiligen Elisabeth von Thüringen, entworfen von dem gefeierten Leipziger Maler Neo Rauch. Nicht alle waren

JEDE ZEIT HAT IHREN PLATZ: NEO RAUCH EHRT EINE HEILIGE

DER GROSSZÜGIGE DOMGARTEN
erstreckt sich über fast einen Hektar,
Teiche, Wiesen und Wege bilden
ein grünes Gesamtkunstwerk. Zur
Anlage gehört auch der Garten
des »Naumburger Meisters« – der
Bildhauer ließ sich von den Pflanzen
seiner Heimat inspirieren

EIN LOB AUF DIE SCHÖPFUNG sind die rund 200 steinernen Blattwerke des »Naumburger Meisters«. Sie schmücken Friese, Kapitelle und Schlusssteine mit einer frappierenden Detailtreue. Die steinernen Pflanzen dienen heute als Vorlage für das Grün im Domgarten

AUSGERECHNET DER STANDHAFTE DOM ERTEILT EINE LEKTION IN SACHEN VERGÄNGLICHKEIT

davon begeistert. Doch Stiftungsdirektor Kunde freut sich über die Aufmerksamkeit, die die Kontroverse aufgewirbelt hat. Keiner Geringeren als der damaligen Bundeskanzlerin Angela Merkel hätten die Fenster bei ihrem Besuch in Naumburg gut gefallen, berichtet er; auch der französische Botschafter sei »vollkommen beeindruckt« gewesen.

Nicht nur der Dom hat sich im Lauf der Zeit gewandelt. Auch die Frömmigkeit der Menschen haben die Jahre nicht unangetastet gelassen, der christliche Glaube hat an Bedeutung verloren und an Macht. Doch schon früher war Naumburg zuweilen ein Ort der Zweifler, die ihre Stimme erhoben gegen die katholische Kirche oder gleich gegen den Allmächtigen. Einer von ihnen ist Martin Luther, dessen Abbild die Kanzel dekoriert: Im Januar 1542 stand der Reformator hier im Dom, um Nikolaus von Amsdorf zum ersten lutherischen Bischof der Welt zu weihen. Und gut drei Jahrhunderte später besuchte das Naumburger Domgymnasium ein Junge namens Friedrich Nietzsche, der später die »christliche Sklavenmoral« geißelte und den Tod Gottes ausrief. Heute machen die Konfessionslosen in Deutschland etwa zwei Fünftel der Bevölkerung aus, im Osten bekennen sich sogar rund drei von vier Menschen zu keiner Religion. Doch die Naumburger Kirche St. Peter und Paul ist ja längst nicht nur ein Gotteshaus, sondern mit offiziellem Siegel: Weltkulturerbe.

Die Dombaumeisterin und auch der Stiftungsdirektor sind sich bewusst, dass sie Glieder in einer langen Kette sind, die weder mit ihnen begann, noch mit ihnen enden wird. Die Verantwortung für den Dom liegt eine Zeitlang in ihren Händen, bis sie diese weiterreichen werden an die, die nach ihnen kommen.

Ausgerechnet der standhafte Dom erteilt damit auch eine Lektion in Sachen Vergänglichkeit. »Wir sind eine Generation in ganz vielen vor uns und nach uns«, sagt Hartkopf. »Das sprengt die Hybris, etwas Besonderes zu sein.«

Geformt haben diese Kirche die Vorstellungen, wie die Lebenden von damals die Welt sahen, was sie ängstigte und antrieb, Frauen und Männer wie die Markgräfin Uta oder der namenlose »Naumburger Meister«. So spannt der Dom eine Verbindung quer durch die Jahrhunderte. Von den Menschen des Mittelalters, die anders lebten, glaubten, sprachen – hin zu den Menschen, die heute in Jeans und mit Smartphone vor seinen Schätzen und Geheimnissen stehen. ∎

Samuel Rieth *hat ein Faible für historische Themen, besonders wenn sie wie der Naumburger Dom eine Brücke zwischen Geschichte und Gegenwart schlagen.*

Gemütlich

Ganz in der Nähe des Naumburger Doms macht der Gasthof »Zufriedenheit« seinem Namen alle Ehre: Klassiker wie Hirschrücken, Susländer Schweinebauch oder Wiener Schnitzel sorgen für ein unglaubliches Wohlgefühl. Übernachten kann man hier übrigens auch: Der Gasthof bietet dafür 17 Zimmer an.
Steinweg 26, gasthof-zufriedenheit.de

Weinselig

Rund um die Domstadt wachsen hervorragende Weintrauben an den Hängen der Flüsse Saale und Unstrut, um in der »Wein & Sekt Manufaktur« zu seligmachenden Getränken vergoren zu werden. Durstig? Führungen mit Verkostung nach Voranmeldung.
Blütengrund 35, naumburger.com

Zickig

Naumburgs nostalgische Straßenbahn heißt im Volksmund »Wilde Zicke«. 1892 bimmelte sie zum ersten Mal durch die Stadt, wurde des Öfteren eingestellt, pendelt jetzt aber seit 2007 regelmäßig die knapp drei Kilometer zwischen Hauptbahnhof und Salztor hin und her.
naumburger-strassenbahn.de

Nietzsche und der kurze Weg zur »Zufriedenheit«

Der Philosoph lebte hier, der Dom ist Welterbe, und Bach lobte die Orgel in St. Wenzel. Naumburg bietet viele Höhepunkte – und kulinarischen Genuss

DOM ST. PETER UND PAUL

Ohne Zweifel ist der Dom, seit 1. Juli 2018 Weltkulturerbe, Naumburgs absolutes Highlight. Historisch, architektonisch, touristisch. Unter Bischof Engelhard zu Beginn des 13. Jahrhunderts auf dem Fundament einer romanischen Vorgängerkirche errichtet, ist der Kirchenbau ein Musterbeispiel mittelalterlicher Bauweise – von den ersten Elementen der Romanik, wie der Krypta, bis hin zu den gotischen Maßwerkfenstern im Ostchor. Berühmt ist der Dom für seine beiden Lettner, welche die Chöre vom Kirchenschiff trennen – zwei Lettner in einer Kirche sind weltweit einzigartig. Auch ragen die Werke des unbekannten »Naumburger Meisters« heraus, der im Westchor zwölf ungewöhnlich realistisch dargestellte Stifterfiguren erschuf, darunter die weltberühmte »Uta von Naumburg«, bekannt als »schönste Frau des Mittelalters«. Zum Domschatz, ausgestellt in einem romanischen Gewölbe, gehören rund 30 Schätze, darunter eine Johannesschale aus dem 13. Jahrhundert und ein von Lucas Cranach d. Ä. geschaffener Altarflügel. Kinder und Jugendliche können in der Kinder-Dombauhütte in die Arbeitswelt des Mittelalters eintauchen und in die Rolle eines Steinmetzes, Glasers oder Baumeisters schlüpfen.
Domplatz 16, naumburger-dom.de

STADTKIRCHE ST. WENZEL

Auf dem Topfmarkt erhebt sich seit dem 15. Jahrhundert die Stadtkirche St. Wenzel, ein spätgotischer Bau. Die Kirche steht zwar etwas im Schatten des großen Doms, braucht sich aber nicht zu verstecken. Denn im Innern wartet sie gleich mit zwei Höhepunkten auf: dem barocken Hochaltar vor 1680 und einer Hildebrandt-Orgel. Das Instrument, erschaffen von Zacharias Hildebrandt, ist ein Meisterwerk der barocken Orgelbautradition und von einer Klangästhetik, die bis heute einmalig ist. 1746 wird das Instrument mit seinen 53 Registern und rund 3000 Pfeifen von Johann Sebastian Bach geprüft und abgenommen. Noch dazu bietet sich von hier der beste Blick auf den Naumburger Dom: Wenn Sie ihn in voller Pracht bewundern wollen, steigen Sie die rund 240 Stufen des 72 Meter hohen Turms der Stadtkirche hinauf. Ein bisschen anstrengend, aber die Aussicht entschädigt für alle Strapazen. Kleiner Tipp: Die Wohnung des Türmers, des Wächters von Kirche und Stadt, liegt in 53 Meter Höhe – mit Aussichtsplattform. Geöffnet täglich von April bis Oktober.
Topfmarkt, evangelische-kirche-naumburg.de

STADTMUSEUM HOHE LILIE

Naumburgs Stadtmuseum ist in einem seiner ältesten Bürgerhäuser untergebracht. Seine Kemenate, der turmartige Gebäudeteil des Hauses, wurde bereits Mitte des 13. Jahrhunderts errichtet, erweitert wurde der Bau vermutlich im 15. Jahrhundert und während der Barockzeit. Sehenswert sind die Figurenkonsolen, welche die Fenster in der Prunkstube des Hauses zieren. Die Dauerausstellung

1 Der Name ist Programm: Der Gasthof »Zufriedenheit« bietet Klassiker der deutschen Küche
2 Im Jugendhaus Friedrich Nietzsches führt eine Ausstellung durch dessen Werk
3 Die Hildebrandt-Orgel in der Kirche St. Wenzel begeisterte schon Johann Sebastian Bach

des Museums taucht in die Geschichte der Stadt ein und vermittelt dabei einen umfangreichen Einblick in den Alltag ihrer Bürger. Zu sehen ist etwa das Ratstrinkhorn von 1376.

Markt 18, mv-naumburg.de

NIETZSCHE-HAUS

Der berühmte Philosoph Friedrich Nietzsche (1844-1900) verbrachte viel Zeit seiner Jugend in dem Haus unweit der Stadtkirche St. Wenzel. Seine Mutter lebte hier seit 1858 mit den beiden Kindern, ihr Sohn, der junge, hochbegabte Friedrich, besuchte das nahe Internat Schulpforta. Heute gibt in dem Haus eine Dauerausstellung Einblick in das Leben Nietzsches und lässt sein vielfältiges Werk Revue passieren. In der Bibliothek können Besucher sich durch die Schriften des Philosophen arbeiten. Ganz in

der Nähe befindet sich seit 2010 das Nietzsche-Dokumentationszentrum, das Abendgespräche, Lesungen, Konzerte sowie wissenschaftliche Jahrestagungen organisiert.

Weingarten 18, nietzschehaus.de
Jakobsmauer 12, nietzsche-dokumentationszentrum-naumburg.de

LANDESSCHULE PFORTA

Zahlreiche Berühmtheiten haben dieses Internat besucht, darunter der Dichter Friedrich Gottlieb Klopstock, der Mathematiker August Ferdinand Möbius und – wir wissen es bereits – Friedrich Nietzsche. Die Eliteschule besteht seit 1543, untergebracht in den Mauern des alten Zisterzienser-Klosters St. Marien zur Pforte. Ein Rundgang ist nach Voranmeldung möglich.

Schulstr. 22, stiftung-schulpforta.de

KIRCHE ST. MORITZ

Die Kirche, im 16. Jahrhundert auf den Grundfesten eines alten Klosters errichtet, liegt etwas außerhalb des Stadtzentrums, lohnt aber den Besuch. Attraktion ist hier der frühbarocke Bilderzyklus des italienischen Malers Francesco Albani (1578-1660): 15 Werke, die Christus, Maria und Johannes den Täufer zeigen sowie die zwölf Apostel. König Friedrich Wilhelm III. hatte die Gemälde 1815 gekauft, 1913 kamen sie nach Naumburg, seit 2019 sind sie nach mehrjähriger Restaurierungsarbeit wieder in alter Pracht zu bewundern und zeigen ihren farbenprächtigen Detailreichtum. Ebenfalls sehenswert sind der Hauptaltar von 1504 und die drei farbigen Glasfenster, die der deutsche Maler und Bildhauer Gerhard Olbrich 1957 schuf.

moritzkirche-naumburg.de

Das echte Auenland

Das Biosphärenreservat Mittelelbe zieht sich rund
300 Kilometer durch Sachsen-Anhalt. Eine märchenhaft
schöne Welt für Tausende Pflanzen und Tiere

TEXT **FRANZ LENZE**

BUNT WIE IM AMAZONAS

Stahlblauer Rücken, rostfarbener Bauch: Ein
prächtig schillernder Eisvogel hockt auf einem
Baumstamm am Ufer der Elbe. Sein Spitzname:
»fliegender Edelstein«. Bis zu 16 000 dieser
Vögel leben noch in Deutschland – vornehmlich
an ruhig fließenden, sauberen Gewässern

VORSICHTIGER BEOBACHTER

Beinahe zart reckt eine winzige Knoblauchkröte
ihren Kopf zwischen lila schimmernden Blüten
hervor. Die hellbraun gefärbte Kröte mit den
olivfarbenen Flecken wird selten größer als acht
Zentimeter. Ihr Lieblingsplatz: sandiger Boden.
Sie liebt es, sich tagsüber darin einzugraben.
Das Tier gehört zu den streng geschützten Arten

GRAZILES BALLETT

Jedes Jahr zwischen Ende Mai und Ende Juni
schweben die Weibchen und Männchen der
Blauen Federlibelle im Huckepack zu einem
sicheren Laichplatz. Bevorzugt dorthin, wo schon
andere Libellen kauern. Dort legen sie dann ihre
Eier ab – bis zu 200 in weniger als einer Stunde

WILDROMANTISCHE AUENWIESEN

Eine Szene wie aus einem
Gedicht von Joseph von Eichen-
dorff. Schwacher Nebel steigt
aus den Auen der Elbe empor
und taucht die Landschaft in
einen diesigen Glanz. Beinahe
umschlingt er auch die Eichen,
die eng beieinander stehen –
die eine tot, die andere lebendig.
Hunderte solcher Eichen
säumen heute noch das Ufer –
als Teil des größten Hartholz-
auenwaldes in Mitteleuropa

DIE KRAFT DES STILLEN WASSERS

Fast 300 Kilometer zieht sich das Biosphärenreservat entlang der Elbe. Aber nicht ausschließlich: Auch Nebenflüsse gehören dazu, wie – hier im Bild – die Havel im Norden des Bundeslandes. Am linken Ufer dehnt sich das Naturschutzgebiet Stremel, rechts des Ufers erstrecken sich überschwemmte Wiesen, die Lebensraum für Seeschwalben, Möwen und Gänse sind

FOTO: STEFAN ELLERMANN (ARCHIV LAU)

AKROBATISCHER JÄGER

Die Flügel ausgebreitet, der Blick
geschärft: Gleich wird sich die Rohrweihe in die Lüfte schwingen und dabei
wie ein eleganter Tänzer wirken. Mit
dem knapp einen halben Meter großen
Körper schaukelnd, die Flügel dabei
schräg nach hinten geneigt, macht sie
sich auf die Suche nach Beute wie
Mäusen, Maulwürfen oder Blesshüh-
nern. Die Rohrweihe ist eine von
insgesamt 315 Vogelarten, die hier zu
Hause sind

BRUMMENDER GIGANT

Seinen Namen verdankt der Hirsch-
käfer dem riesigen »Oberkiefer«, den er
wie das Geweih eines Hirsches vor
sich herträgt. Er misst bis zu neun
Zentimeter und ist damit der größte in
Mitteleuropa – und bekannt für seine
tiefen sonoren Töne. Das morsche,
feuchte, von Pilzen befallene Holz alter
Eichen, das er für die Brut benötigt,
ist immer seltener zu finden. Umso
wichtiger für sein Überleben ist deshalb
die Auenlandschaft an der Elbe

DER HELD DER MITTELELBE

Der Elbebiber ist das Wappentier des
Biosphärenreservats. Das zweitgrößte
Nagetier der Welt hat, nachdem es
fast als ausgestorben galt, eine sichere
Heimat in den Elbauen gefunden.
Rund 2500 der Tiere leben mittlerweile wieder in Sachsen-Anhalt. Seine
Dammbauten helfen dabei, die Fluss-
landschaft zu renaturieren und schaffen damit die Grundlage für den Arten-
reichtum der Flora und Fauna

»Dieses Naturwerk ist Generationen-Aufgabe«

Mäßiges Hochwasser und Regen: Das wünscht sich der Chef des Biosphärenreservats Mittelelbe für die Pflanzen und Tiere der einzigartigen Auenlandschaft

Guido Puhlmann, 58, leitet seit 1998 das 125 000 Hektar große Biosphärenreservat Mittelelbe

MERIAN: Das Biosphärenreservat zieht sich rund 300 Kilometer durch Sachsen-Anhalt, erstreckt sich links und rechts der Elbe. Was zeichnet es aus?
GUIDO PUHLMANN: Wir sind, mit dem Thüringer Wald, das älteste UNESCO-Biosphärenreservat Deutschlands, uns gibt es jetzt seit mehr als 40 Jahren. Ein Kunstwerk der Natur mit einer enormen Artenvielfalt. Hier gibt es 315 Vogelarten, das findet sich so gut wie in keinem anderen Gebiet Deutschlands. Oder 768 Schmetterlingsarten, 1405 Farn- und Blütenpflanzen, 214 Wildbienen, um einige zu nennen. Das ist einzigartig.
Welchen Anteil hat die Elbe, Europas viertlängster Fluss, daran?
Die Elbe ist die Lebensader. Die Landschaft wird seit der Eiszeit, seit rund 12 000 Jahren, vom Wasser geprägt – die Auen, die entstanden sind, die Feuchtgebiete und Wiesen, die Abertausend Tierarten, die hier eine Heimat gefunden haben. Seit Jahrhunderten gilt in unserer Gesellschaft, dass eine Landschaft urbar zu machen sei, ihr Wasser weggeschafft und Land trockengelegt werden muss. Für uns heißt das, wieder zu lernen, diese Wasser speichernden Landschaften zu halten, auch wenn sie von Überschwemmungen bedroht werden. Das Klima wird anhaltend trockener, und wir hatten seit 2013 kein richtiges Hochwasser.

Es mangelt an Hochwasser?
Kein Katastrophenhochwasser! Hochwasser durch jahreszeitlichen Regen und Schneeschmelze. Aber im Moment dauert die Phase der Trockenheit schon zu lange an. Für die alten Bäume heißt das nichts Gutes. Und für die Tiere, die von ihnen leben, dort ihre Lebensräume haben, wie der bedrohte Laubfrosch, auch nicht. Ideal wären länger anhaltende Regen und Hochwasser.
Ihr Wunsch lässt sich kaum beeinflussen. Was können Sie also tun?
Das ist eine Aufgabe für Generationen. Im Moment zählt: Pragmatisch handeln. Die Entwässerung zurückfahren, Auen renaturieren, auch ehemalige Flussläufe, die mit der Zeit verlandet sind. Schon seit rund 30 Jahren kümmern wir uns darum, dass Deiche wieder zurückverlegt werden. Etwa im Lödderitzer Forst, das größte Projekt dieser Art in Europa, das gerade fertig geworden ist. Damit helfen wir, die Hartholz-Auenwälder wieder mit mehr Wasser zu versorgen, die Eichen, Eschen, Ulmen, die seit Jahrhunderten die Landschaft prägen. Mehr als 95 Prozent dieses Wasserwaldes gingen in den letzten 150 Jahren verloren, nur an der Mittelelbe sind noch rund 6000 Hektar zusammenhängend erhalten.
Haben Sie da einen Lieblingsort?
Für mich ist jeder Ort im Reservat ein Lieblingsort. Aber wenn ich im Auenwald bei Aken oder unweit vom Haus der Flüsse in Havelberg großräumig das Gezwitscher von 70 bis 80 Brutvogelarten hören darf, hier einmalig in Deutschland, dann weiß ich: Ich bin zu Hause.

Auskünfte und eine Ausstellung bietet das Informationszentrum Auenhaus. Oranienbaum, Am Kapenschlösschen 3 mittelelbe.com

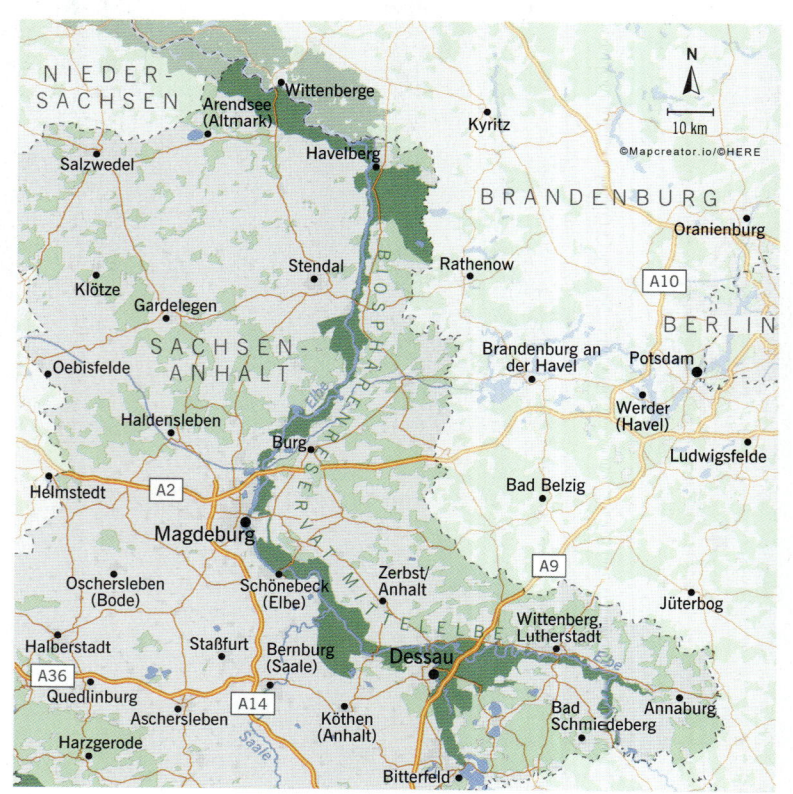

Singen, feiern,
Schach spielen

Das Leben wird besser durch Anerkennung, Hingabe und einen Sinn für Schönheit. All das findet unser Kolumnist in sachsen-anhaltischen Bräuchen, von denen die Welt lernen kann

ILLUSTRATION **P. M. HOFFMANN**

Je älter ich werde, desto weniger hänge ich an materiellen Dingen. Ich habe doch schon viel zu viele Gegenstände, ich habe ja sogar schon Gegenstände gekauft, die mir helfen sollen, andere Gegenstände auszumisten, zum Beispiel Aufbewahrungsboxen oder Bücher von Marie Kondo. Umso mehr wächst mein Interesse an Immateriellem. An dem, was wirklich zählt, wenn man seine Prioritäten im Laufe des Lebens neu sortiert: Lebensfreude und Zuversicht, Nähe zu lieben Menschen, abwechslungsreiche Streaming-Angebote.

Umso elektrisierter war ich, als ich vom Immateriellen Kulturerbe erfuhr. Es gibt ein ganzes Buch dessen, was die deutsche UNESCO-Kommission dazu zählt: Rituale, Bräuche und Traditionen bestimmter Regionen (es ist ein immaterielles Buch, also ein PDF). Zwar hat Sachsen-Anhalt einen großen Anteil daran, die Welt mit handfestem Material zu füllen, zum Beispiel Bauhaus-Architektur, Halloren-Kugeln und Würchwitzer Milbenkäse. Aber nach einer Weile des Blätterns im PDF-Dokument stellte ich fest, dass jene immateriellen Kulturgüter, die mich besonders ansprachen, aus Sachsen-Anhalt stammen.

An dieser Stelle schreiben unsere Kolumnistinnen und Kolumnisten in unregelmäßiger Folge über die Welt und wie sie ihnen begegnet. **Till Raether** *kommt angesichts des Immateriellen Welterbes ins Schwärmen und hat ein neues Mantra: Lebendschach.*

Hier denke ich gar nicht in erster Linie an die Spergauer Lichtmeß (Saalekreis), auch wenn die Details dieser von den etwa sechzig Junggesellen des Ortes organisierten Winteraustreibung faszinierend sind (»als Pferde verkleidete Männer jagen mit einem alten Pflug durchs Feuer«). Und ich möchte keineswegs die Bedeutung des Pfingsttanzes in der Verbandsgemeinde Mansfelder Grund-Helbra schmälern (»das Nähen der traditionellen Kleidung, das Falten der Schleifen und Wickeln von Girlanden, das Bestellen von Maibäumen beim Förster«, die Liste geht noch weiter, auch Immaterielles macht viel Arbeit). Auch möchte ich keinesfalls den Unwillen der Salzwirker-Bruderschaft im Thale zu Halle auf mich ziehen, wenn ich sage, dass es drei andere Traditionen aus Sachsen-Anhalt sind, die es mir besonders angetan haben, weil sie meines Erachtens die wichtigsten immateriellen Eigenschaften repräsentieren, die man braucht, um einigermaßen durchs Leben zu kommen.

Da wäre zum Ersten der Grasedanz, der sich 1887 in zwei Harzdörfern etabliert hat. Weil die Frauen Heu machen mussten, während die Männer im Bergbau oder im Wald arbeiteten, fingen sie an, sich selbst für

diese harte Arbeit zu feiern: mit einem mehrtägigen Fest, das mit dem Schmücken des Dorfs und dem Auslosen der Grasekönigin beginnt und mit einem großen Tanz endet. Frauen haben »das Fest als Wertschätzung ihrer Arbeit initiiert«, schreibt die UNESCO. Was eine der wichtigsten Lektionen im gesamten immateriellen Bereich ist: Ohne Anerkennung geht es nicht, und bekommt man sie nicht von anderen, zollt man sie sich eben selber.

Eine weitere sehr wichtige ungreifbare Qualität ist Hingabe, denn ohne die erreicht man nichts, und alles, was man macht, bleibt halbherzig. In diesem Sinne möchte ich mir ein Beispiel nehmen an der Schachtradition in Ströbeck. In Ströbeck, oder genauer gesagt, im Schachdorf Ströbeck in Halberstadt, wird der Legende nach seit dem Jahre 1011 Schach gespielt, und statt zu sagen »nun gut, wo nicht« hat Ströbeck daraus mit Hingabe eine ganze Identität geformt. An der Grundschule ist Schach seit 1823 Pflichtfach, seit dem 17. Jahrhundert gibt es dort Lebendschach mit kostümierten Figuren, es gibt Schachturniere und Schachkongresse, und einmal im Jahr muss ein Bräutigam mit dem Bürgermeister um seine Braut Schach spielen, wobei im Falle einer Niederlage durch den Bräutigam eine Strafzahlung an die Stadtkasse stattfindet. Niemand hat gesagt, dass Bräuche fortschrittlich sind. Aber sich so auf eine Sache zu konzentrieren wie Ströbeck auf Schach: Das ist das Gegenteil von sich verzetteln, von zaudern und rumhühnern. Ich gebe zu, dass

ich hin und wieder abschweife, Aufgaben nur mit achtzig Prozent erledige oder lieber gleich was Neues anfange, künftig sage ich mir einfach »Lebendschach! Mit Rezitationen!«, um mich wieder in die Spur zu bringen.

Selbst der Grasedanz und das Schachdorf aber verblassen in meiner Wahrnehmung vor dem sogenannten Finkenmanöver, das in acht Orten im Harz stattfindet, einem immateriellen Monument für die vergängliche Schönheit. »Die Finkenwettbewerbe enthalten zwei Wettkampfdisziplinen: die Schönheitsklasse und die Kampfklasse. Die Kampfklasse besteht aus der Starkklasse und dem Distanzsingen.« Der Raum hier reicht nicht aus, um von den malerischen Einzelheiten des Finkenmanövers zu schwärmen. Von der Schulung der Jungfinken durch Lehrfinken, von den Buchfinken, die mindestens drei Jahre alt sein müssen, um am Starksingen teilzunehmen, weil es so anstrengend ist. Von der Beurteilung des Gesangs im Schönheitswettbewerb, nicht zuletzt nach der Vollständigkeit seiner Gesangsteile (Eingangssilben, Übergang, Mittelteil, Ausklang). Es ist nicht nur ein Ritual, für das ich nächstes Frühjahr in den Harz reisen möchte. Vor allem ist es die Krone des Immateriellen: ohne messbaren Nutzen etwas Schönes in die Welt zu bringen. Mehr kulturelles Welterbe geht nicht. Denn wie viel besser wäre die Welt, würde eine ganze Reihe Menschen, und ich nenne keine Namen, Vögel zum Singen ermutigen, statt ihren sonstigen Tätigkeiten nachzugehen.

MERIAN

ERSCHEINT IM

EIN UNTERNEHMEN DER GANSKE VERLAGSGRUPPE

Chefredakteur	Hansjörg Falz
Stellvertretende Chefredakteurin	Kathrin Sander
Art Direction	Isa Johannsen
Chefin vom Dienst	Jasmin Wolf
Redaktion	Tinka Dippel, Kalle Harberg, Jonas Morgenthaler, Stefanie Plarre, Inka Schmeling; Mitarbeit: Raphael Bergmann, Franz Lenze, Silvia Tyburski, Burkhard Maria Zimmermann
Bildredaktion	Violetta Bismor, Tanja Foley, Katharina Oesten (Leitung)
Layout	Inke Cron, Lena Glauche (stellv. AD, in Elternzeit), Tanja Schmidt
Redaktionsmanagement	Bodo Drazba (Ltg.)
www.merian.de	Jasmin Deiter
Assistenz der Chefredaktion	Anne Dreßel
Konzeption dieser Ausgabe	Franz Lenze (Text), Violetta Bismor (Bild)
Autoren	Kristine Bilkau, Dennis Gastmann, Finn-Ole Heinrich, Nils Minkmar, Thomas Pletzinger, Till Raether, Saša Stanišić, Ilija Trojanow, Hans Zippert
Verantwortlich für den red. Inhalt	Hansjörg Falz
Geschäftsführung	Thomas Ganske, Sebastian Ganske, Heiko Gregor (CEO), Peter Rensmann
Brand Owner/Verlagsleitung	Oliver Voß
Head of Editorial Operations	Bartosz Plaksa
Gesamtvertriebsleitung	Jörg-Michael Westerkamp (Zeitschriftenhandel), Thomas Voigtländer (Buchhandel)
Abovertriebsleitung	Christa Balcke
Leitung Leserreisen	Oliver Voß
Head of Sales	Helma Spieker (verantwortlich für Anzeigen)
Senior Brand Manager	Henning Meyer, Tel. 040 2717-2496
Anzeigenstruktur	Corinna Plambeck-Rose, Tel. 040 2717-2237
Marketing Consultant	Alexander Grzegorzewski
Ihre Ansprechpartner vor Ort:	
Region Nord	Jörg Slama, Tel. +49 40 22859 2992, joerg.slama@jalag.de
Region West / Mitte	Michael Thiemann, Tel. +49 40 22859 2996, michael.thiemann@jalag.de
Region Südwest	Marco Janssen, Tel. +49 40 22859 2997, marco.janssen@jalag.de
Region Süd	Andrea Tappert, Tel. +49 40 22859 2998, andrea.tappert@jalag.de
Repräsentanzen Ausland:	
Belgien/Niederlande/Luxemburg	Mediawire International, Tel. +31 651 48 01 08, info@mediawire.nl
Frankreich/Monaco	Media Embassy International, Tel. +33 (0)6 03 92 09 15, info@media-embassy.fr
Großbritannien/Irland	Mercury Publicity Ltd., Tel. +44 7798 665 395, stefanie@mercury-publicity.com
Italien	Media & Service International Srl, Tel. +39 02 48 00 61 93, info@it-mediaservice.com
Österreich	Michael Thiemann, Tel. +49 40 22859 2996, michael.thiemann@jalag.de
Schweiz/Liechtenstein	Goldbach Publishing AG, Tel. +41 (0) 76 468 83 13, eva.favre@goldbach.com
Skandinavien	International Media Sales, Tel. +47 9222 0650, fgisdahl@mediasales.no
Spanien/Portugal	The International Media House, Tel. +34 91 7023484, administracion@theinternationalmediahouse.com

Die Premium Magazin Gruppe im Jahreszeiten Verlag
Gültige Anzeigenpreisliste: Nr. 10
Heft 03/2022 – Welterbe in Sachsen-Anhalt. Erstverkaufstag dieser Ausgabe ist der 24.02.2022. Redaktionsschluss: 25.01.2022
MERIAN erscheint monatlich im Jahreszeiten Verlag GmbH, Harvestehuder Weg 42, 20149 Hamburg, Tel. 040 2717-0
Redaktion Tel. 040 2717-2600, E-Mail: redaktion@merian.de Internet www.merian.de
Abonnementvertrieb und Abonnentenbetreuung DPV Deutscher Pressevertrieb GmbH, Tel. 040 2103-1371,
Fax -1372, www.dpv.de, E-Mail: leserservice-jalag@dpv.de
Merian (USPS no 11458) is published monthly by JAHRESZEITEN-VERLAG GMBH. Known Office of Publication: Data Media (A division of Cover-All Computer Services Corp.), 2221 Kenmore Avenue, Suite 106, Buffalo, NY 14207-1306. Periodicals postage is paid at Buffalo, NY 14205. Postmaster: Send address changes to Merian, Data Media, P.O. Box 155, Buffalo. NY 14205-0155, E-Mail: service@roltek.com, Toll free: 1-877-776-5835
Vertrieb DPV Vertriebsservice GmbH, www.dpv-vertriebsservice.de
Litho K+R Medien GmbH, Darmstadt
Druck und Verarbeitung Walstead Kraków Sp. z o.o., Obrońców Modlina 11, 30-733 Krakau, Polen

Das vorliegende Heft März 2022 ist die 3. Nummer des 75. Jahrgangs. Diese Zeitschrift und die einzelnen Beiträge und Abbildungen sind urheberrechtlich geschützt. Jede Verwertung außerhalb der engen Grenzen des Urheberrechtsgesetzes bedarf der Zustimmung des Verlages. Keine Haftung für unverlangt eingesandte Manuskripte und Fotos. **Jahresabonnementspreis** im Inland 99 €, für Studenten 49,50 € (inklusive Zustellung frei Haus). Der Bezugspreis enthält 7 % Mehrwertsteuer. Auslandspreise auf Nachfrage. Führen in Lesemappen nur mit Genehmigung des Verlages. Printed in Germany, ISBN 978-3-8342-3345-5, ISSN 0026-0029, MERIAN (USPS No. 011-458) is published monthly by JAHRESZEITEN VERLAG GMBH.

Bildagentur Image Professionals GmbH Tumblingerstr. 32, 80337 München, www.imageprofessionals.com

Weitere Titel der JAHRESZEITEN VERLAG GmbH A&W ARCHITEKTUR & WOHNEN, CLEVER LEBEN, COUNTRY, DER FEINSCHMECKER, FOODIE, HOLIDAY, LAFER, MERIAN SCOUT, POLETTO, PRINZ, ROBB REPORT, SCHÖNER REISEN, WEIN GOURMET

Wir bedanken uns für die Unterstützung bei der IMG – Investitions- und Marketinggesellschaft Sachsen-Anhalt mbH

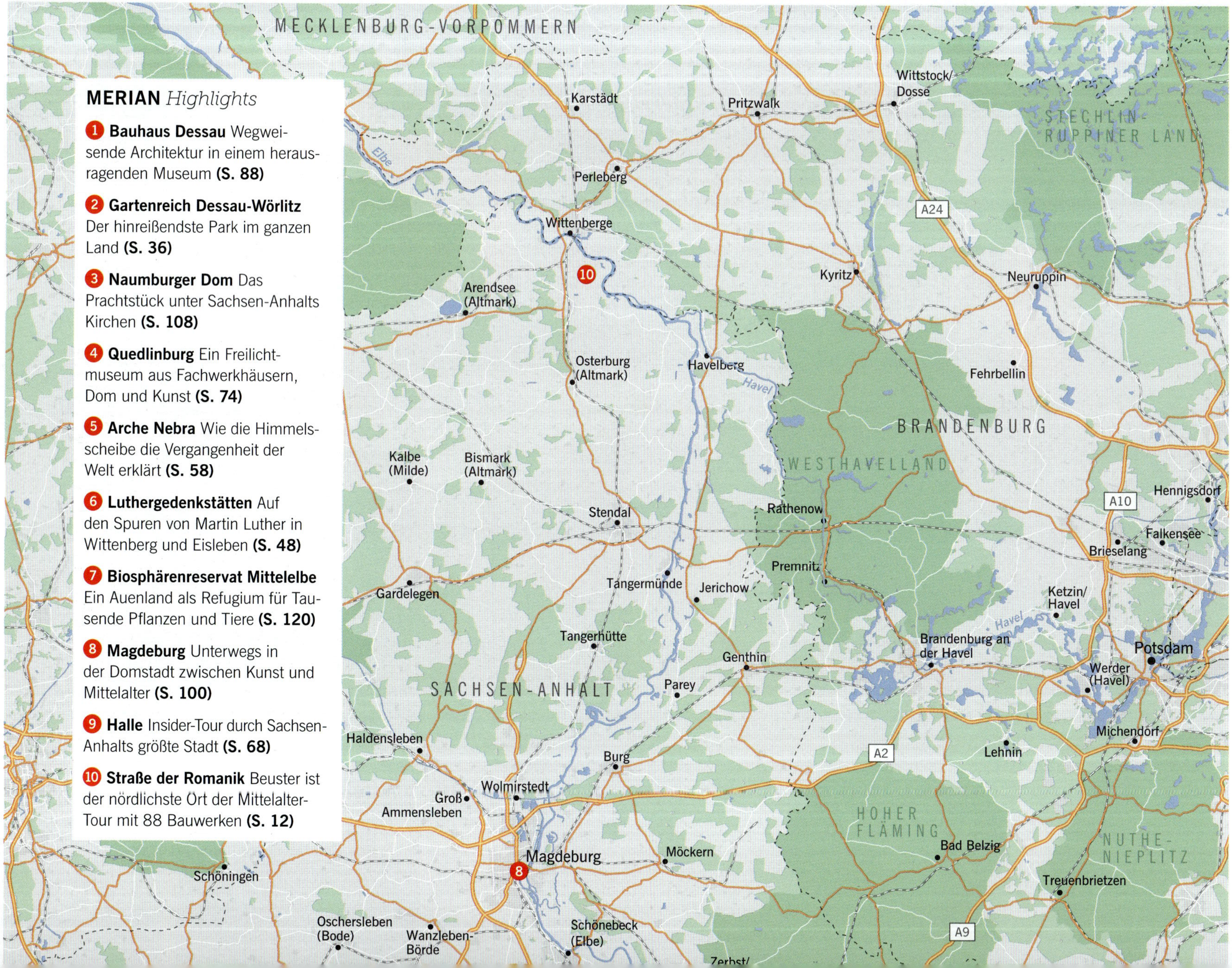

Map labels:

MECKLENBURG-VORPOMMERN · STECHLIN RUPPINER LAND · BRANDENBURG · WESTHAVELLAND · HOHER FLÄMING · SACHSEN-ANHALT · NUTHE-NIEPLITZ

Hennigsdorf · Falkensee · Potsdam · Werder (Havel) · Michendorf · Brieselang · Ketzin/Havel · Lehnin · Treuenbrietzen · Neuruppin · Fehrbellin · Brandenburg an der Havel · Bad Belzig · Wittstock/Dosse · Kyritz · Havel · Rathenow · Premnitz · Genthin · Möckern · Zerbst/ · Pritzwalk · Havelberg · Jerichow · Parey · Burg · Schönebeck (Elbe) · Karstädt · Perleberg · Osterburg (Altmark) · Stendal · Tangermünde · Tangerhütte · Magdeburg · Wolmirstedt · Wittenberge · Arendsee (Altmark) · Bismark (Altmark) · Gardelegen · Haldensleben · Groß Ammensleben · Wanzleben-Börde · Kalbe (Milde) · Oschersleben (Bode) · Schöningen · Elbe

A24 · A10 · A9 · A2

MERIAN *Highlights*

1 **Bauhaus Dessau** Wegweisende Architektur in einem herausragenden Museum **(S. 88)**

2 **Gartenreich Dessau-Wörlitz** Der hinreißendste Park im ganzen Land **(S. 36)**

3 **Naumburger Dom** Das Prachtstück unter Sachsen-Anhalts Kirchen **(S. 108)**

4 **Quedlinburg** Ein Freilichtmuseum aus Fachwerkhäusern, Dom und Kunst **(S. 74)**

5 **Arche Nebra** Wie die Himmelsscheibe die Vergangenheit der Welt erklärt **(S. 58)**

6 **Luthergedenkstätten** Auf den Spuren von Martin Luther in Wittenberg und Eisleben **(S. 48)**

7 **Biosphärenreservat Mittelelbe** Ein Auenland als Refugium für Tausende Pflanzen und Tiere **(S. 120)**

8 **Magdeburg** Unterwegs in der Domstadt zwischen Kunst und Mittelalter **(S. 100)**

9 **Halle** Insider-Tour durch Sachsen-Anhalts größte Stadt **(S. 68)**

10 **Straße der Romanik** Beuster ist der nördlichste Ort der Mittelalter-Tour mit 88 Bauwerken **(S. 12)**

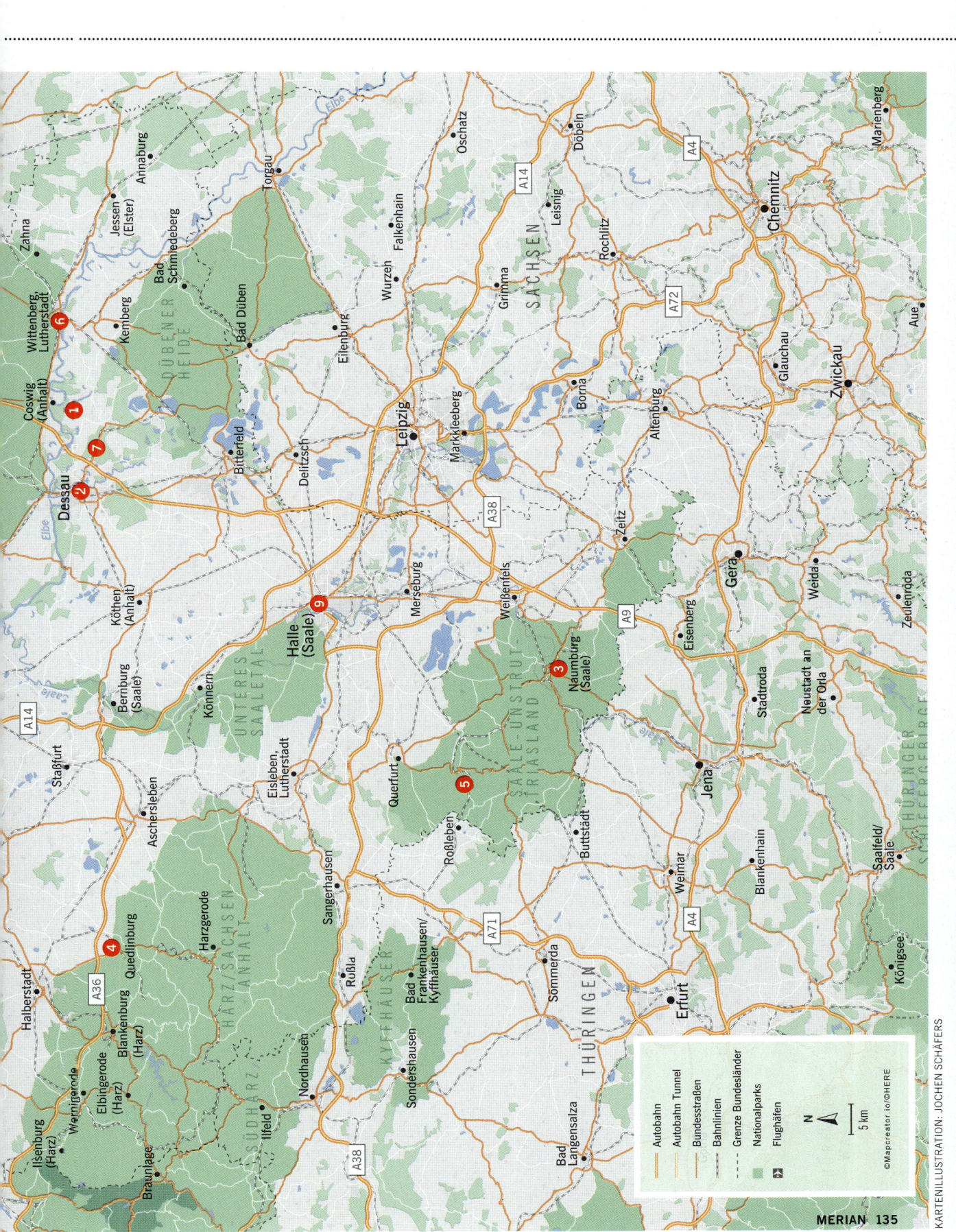

Zwischen Altmark und Harzer Brocken

…erstreckt sich ein Bundesland mit namhaften Musikfestivals, endlosen Wanderwegen und Weingütern, die auf eine tausendjährige Tradition blicken

ANREISE

Sachsen-Anhalt ist aus jeder Richtung gut zu erreichen: ICE-Bahnhöfe gibt es in Magdeburg, Halle, Bitterfeld-Wolfen, in der Lutherstadt Wittenberg, in Naumburg, Stendal und Weißenfels. Der internationale Flughafen Leipzig/Halle liegt 22 Kilometer südöstlich von Halle. Auch mit dem Boot kann man sich dem Bundesland gut nähern: sowohl über die Flüsse Elbe und Saale als auch über den Mittelland- und den Elbe-Havel-Kanal.

FLÄCHE

Das Bundesland Sachsen-Anhalt ist rund 20 000 Quadratkilometer groß und damit etwas kleiner als Hessen.

EINWOHNER

2,24 Millionen Menschen leben in den elf Landkreisen und drei kreisfreien Städten Sachsen-Anhalts, davon etwa 235 000 in der Landeshauptstadt Magdeburg. In Halle an der Saale, der größten Stadt im Land, leben ca. 2000 Menschen mehr. Rund 12 Prozent der Einwohner im »Geburtsland der Reformation« sind evangelisch, etwa 4 Prozent katholisch und mehr als 80 Prozent konfessionslos – die höchste Quote in Deutschland.

GESCHICHTE

Im 8. Jahrhundert erobert Karl der Große (gest. 814) Teile des Siedlungsraums des heutigen Sachsen-Anhalt für das Fränkische Großreich. 968 gründet Kaiser Otto I. das Erzbistum Magdeburg. In der Folge führen Kriege auf dem Gebiet zu seiner Zersplitterung. 1502 gründet Kurfürst Friedrich der Weise (1463-1525) in Wittenberg eine Universität, an der ab 1508 der Reformator Martin Luther lehrt. Im Dreißigjährigen Krieg (1618-1648) wird Magdeburg vollständig zerstört. Nach dem Wiener Kongress 1815 werden Erfurt, Quedlinburg, Wittenberg, Torgau, Merseburg sowie Teile des Eichsfeldes zur preußischen Provinz Sachsen verbunden – das Kernland des späteren Sachsen-Anhalt. Gegründet wird das Land schließlich nach Ende des Zweiten Weltkriegs, 1952 in der DDR aber wieder aufgelöst und in die Bezirke Magdeburg und Halle geteilt. Erst 1990 wird Sachsen-Anhalt als eines der fünf neuen Bundesländer erneut gegründet, 1992 seine Verfassung beschlossen.

LANDSCHAFT

Die Altmark im Norden ist flach und dünn besiedelt, südlich schließen sich die Magdeburger Börde und die Colbitz-Letzlinger-Heide an, das größte zusammenhängende Heidegebiet Mitteleuropas. Im Südwesten erhebt sich das Mittelgebirge Harz mit seinem höchsten Berg, dem 1141 Meter hohen Brocken. Den Osten des Bundeslandes dominieren die Elbe-Niederung mit ihren Fluss- und Auenlandschaften sowie die Dübener Heide und der Höhenzug Fläming, der sich bis ins benachbarte Bundesland Brandenburg dehnt. Im Süden Sachsen-Anhalts lockt schließlich das Weinanbaugebiet Saale-Unstrut, wo überdurchschnittlich gute Weine gekeltert werden.

Weintour

Acht Weingüter – eine Idee: Die Winzervereinigung Breitengrad 51, benannt nach ihrer Lage im weltweiten Koordinatensystem, keltert kraftvolle Weine aus klassischen Rebsorten, die nach dem Terroir schmecken, auf dem sie wachsen: nach Muschelkalk und Buntsandstein.
breitengrad51.de

Klettertour

Wege zum Brocken, dem höchsten Berg im Harz, gibt es viele, aber auf welchen davon flanierte schon Goethes Mephisto? Der Teufelsstieg führt Wanderer drei Stunden durch dunkle Wälder, am Fluss Bode entlang und an Felsen, die Mauseklippen heißen.
harz-wanderkarten.de

Paddeltour

Rund 300 Kilometer fließt die Elbe durch Sachsen-Anhalt. Die schönste Strecke? Zwischen Wittenberg und Coswig. Für Paddelbootfreunde ein Traum: Die Landschaft ist eine ruhige Wohltat, die Strömung sanft und die Gierfähre vor Coswig nur ein kleines, aber technisch interessantes Hindernis.
Bootsverleih: marina-coswig.de

FESTIVALS

Magdeburg: Im März (in geraden Jahren) feiert die Stadt Georg Philipp Telemann (1681-1767), ihren bedeutendsten Barockkomponisten, mit den Telemann-Festtagen (telemann.org). *Halle:* Alljährlich im Mai und Juni ehren weltbekannte Stars und Ensembles der Barockmusik Georg Friedrich Händel (1685-1759) in seiner Geburtsstadt. Spielorte sind Händels Geburtshaus oder der Dom, wo er als Organist arbeitete. Den Schlussakkord setzt ein großes Feuerwerk in der Galgenbergschlucht (haendelhaus.de). Seit 2008 zeigt das Werkleitz-Festival in Halle alles, was Film- und Medienkünstler gerade auf der Festplatte haben: Unkonventionelles von interaktiven Installationen bis zu Spiel- oder Dokumentarfilmen. Jedes Jahr im Herbst (werkleitz.de). *Halberstadt:* Am ersten Wochenende im Juni wird die Domkirche, begonnen im 13. Jahrhundert und französischen Kathedralen nachempfunden, zum Konzertsaal für die Domfestspiele (harztheater.de). *Ferropolis:* Auf einer Halbinsel bei Gräfenhainichen im einstigen Tagebau südöstlich von Dessau versammeln sich Anfang Juni Zehntausende Festivalfans zu einem einmaligen Mix aus Musik (vor allem Elektropop), Lichtshow und Subkultur unter stillgelegten Abraumbaggern (meltfestival.de).

BAHNTOUR

Ein schöner Ausflug ist die Fahrt mit der Harzer Schmalspurbahn: 25 Loks dampfen über rund 140 Kilometer Eisenbahnstrecke, sogar bis auf den Brocken. hsb-wr.de

RADTOUREN

Die Nummer eins in Sachsen-Anhalt ist der Elberadweg: Rund 330 der 1300 Kilometer führen durchs Bundesland. Man passiert Wittenberg, das Gartenreich Dessau-Wörlitz und das Bauhaus Dessau oder das Biosphärenreservat Mittelelbe. Ebenfalls beliebt sind der Saalerad- und der Harzrundweg; für Mountainbiker hält der Harz sogar mehr als 2000 Kilometer Strecke mit unzähligen Touren bereit. Einen Tourenplan gibt es unter: naturfreude-erleben.de

TICKETS

Die Bahn bietet auch in Sachsen-Anhalt ein *Länderticket* an. Es kostet 25 Euro, für jede weitere Person (bis zu fünf) kommen 8 Euro hinzu. Das Ticket ist im ganzen Land und in diversen Verkehrsverbünden gültig. Die *WelterbeCard* bietet freien Zutritt zu 125 Attraktionen, darunter 15 Glanzstücke der UNESCO-Welterbestätten: Die 24-Stunden-Card kostet 19,90 Euro, für Kinder (5 bis 14 Jahre) 12,50 Euro, die Drei-Tage-Card beläuft sich für Erwachsene auf 39,90 Euro, für Kinder auf 25,50 Euro. Zu bestellen unter: welterbecard.de

AUSKUNFT

Sehr hilfreich ist die Tourismus-Website der IMG-Investitions- und Marketinggesellschaft Sachsen-Anhalt mbH in Magdeburg (Tel. 0391 5689988): sachsen-anhalt-tourismus.de

Prachtexemplar: Strahlende
Fassaden rahmen im Zentrum
den Rathausplatz

Genussmomente: Wo
Star-Köche die regionale
Küche feiern

Ikonische Baukunst:
Calatravas Opernhaus in
der Stadt der Künste
und Wissenschaften

Kreative Köpfe:
die Designer hinter dem
Label CuldeSac

FOTOS: MONICA GUMM (2), MARKUS BASSLER (2)

Valencia

BAHNBRECHEND Star-Architekt Santiago Calatrava im Interview
CHARAKTERSTARK Unterwegs im rebellischen Hafenviertel El Cabanyal
FORMSCHÖN Die Kreativlabore der Welthauptstadt des Designs 2022
NATURVERBUNDEN Albufera, Chulilla, Peñíscola: die schönsten Ausflüge

Haben Sie eine
MERIAN-Ausgabe verpasst?
Bestellservice Tel. (040) 2717-1110
E-Mail: sonderversand@jalag.de
oder online bestellen unter
merian.de
oder einzelheftbestellung.de

Abo bestellen:
Tel. (040) 21031371
E-Mail: leserservice-jalag@dpv.de
oder online unter
shop.jalag.de

Zuletzt erschienen:

Oktober 2021   November 2021   Dezember 2021   Januar 2022   Februar 2022

In Vorbereitung:
Oberösterreich
Italien
Mallorca